# Abastecimiento:
# Caja de herramientas II

## Iván Pinzón Amaya

## Dedicatoria

Los dos libros sobre «Abastecimiento: caja de herramientas I y II», están dedicados a aquellos que, con cuidado y expectativa, dan sus primeros pasos y se aventuran en el inconmensurable mundo del abastecimiento y a aquellos que, recorriendo un largo camino, vienen dejando huella en el mismo ambiente. El relacionamiento y la sinergia entre unos y otros es mi propósito.

Iván Pinzón Amaya

## Agradecimientos

Me disculpo de antemano por no hacer mención a personas específicas, porque la lista sería interminable. Quiero expresar mi sentimiento de gratitud que se constituye en deuda impagable, a todos aquellos que se cruzaron en mi vida y muy seguramente, sin saberlo con sus objeciones, comentarios, observaciones, desacuerdos preguntas e inquietudes fueron de gran ayuda para encender en mí un incentivo, una motivación para profundizar sobre temas sobre los cuales no había advertido su importancia, impacto o conveniencia para ser tratados cuando se habla de abastecimiento.

Iván Pinzón Amaya

# Contenido

# Introducción

Este segundo libro pretende mantener vivo el espíritu del primero: compartir herramientas para enfrentar situaciones que ameritan soluciones que se aparten del enfoque convencional o que, partiendo de éste, impliquen consideraciones y análisis más profundos.

Frente al concepto fundamental de la herramienta convencional como: «instrumento que se utiliza para facilitar la realización de una actividad cualquiera de un oficio o de un trabajo determinado»; las aquí descritas deben ser herramientas que, en manos del experto, se transformen y se presten para una visión más universal, que permita analizar una gama de conceptos y diferentes actividades, dependiendo de la situación a encarar.

Se podría hablar de instrumentos, «tangibles o intangibles», disponibles para aumentar y mejorar la capacidad de procesos, cambios e iniciativas en Abastecimiento «compras y contratación». El concepto está muy ligado, al significado de uso común.

Algunas herramientas han evolucionado desde enfoques muy simples, hasta un cierto grado de sofisticación que de ninguna manera debe entenderse como el estado final, sino que deberá seguir transformándose con el valor agregado y la innovación de aquellos que las utilicen, buscando mayor funcionalidad. Podrá ocurrir que esta trasformación desemboque en nuevas herramientas. No pocas veces, será necesario que estén relacionadas. para poder combinarlas en un orden determinado y lograr así una ventaja administrativa u operativa.

En Abastecimiento se requiere una amplia variedad de herramientas que permitan realizar actividades de forma más fácil y eficiente, o simplemente hacer cosas impensables tiempo atrás.

Seguramente al analizar en detalle las herramientas, se advertirá que pueden encajar de una u otra manera o comparten principios con teorías administrativas y con otras herramientas, utilizadas en las empresas para incrementar la productividad y la competitividad, tales como:

- Kaizen «mejora continua».
- Calidad total.
- Empoderamiento.
- «Downsizing».
- «Coaching».
- Tercerización.
- Inteligencia emocional.
- Reingeniería.
- Mapas mentales.

Estas herramientas prácticas podrían ser ayudas efectivas para innovar. No pretenden ser la solución mágica; su efectividad dependerá del análisis cuidadoso del micro y macro entorno en el que se desenvuelve la Empresa:

Una preocupación que puede surgir, es el temor a utilizar las herramientas; el cual puede manifestarse como:

- Miedo al fracaso, resultante de equívocos y errores.
- Temor a tomar decisiones arriesgadas.
- Recelo a lo desconocido, lo nuevo y diferente.
- Turbación ante la necesidad de cambiar viejos hábitos y salir de la zona de confort.

La falta de determinación y la presión desmedida del miedo, impedirán asumir el reto de la transformación que constituya el escudo contra la incertidumbre.

Se necesita esa fuerza interior que imprima un deseo profundo para enfrentar las objeciones y obstáculos que surjan, para desarrollar o moldear la herramienta seleccionada para lograr el resultado esperado.

El excederse en el análisis o el buscar la herramienta perfecta, será contraproducente y solo lograrán postergar el momento en que sea necesario canalizar las ideas para encontrar las soluciones esperadas.

# Acuerdos de nivel de servicio

## Nociones

Prestar un servicio de calidad superior, supone enormes esfuerzos por parte del talento humano del contratista para garantizar los compromisos y obligaciones contractuales, buscando un servicio que satisfaga las exigencias previstas en la descripción de los servicios. Para lograrlo será necesario hacer bien una multitud de pequeños detalles; atenderlos puede significar la diferencia entre un gerente de contrato satisfecho y uno incómodo. Esto implica un trabajo duro intenso y no siempre exento de dificultades.

## Momentos de verdad

Es la experiencia de alguien de la Empresa en su relación con un elemento de la organización del contratista; durante estos momentos de verdad, la persona de la Empresa entra en contacto con cualquier aspecto de la organización del contratista y se forma una impresión sobre la calidad del servicio; el empleado del contratista es un gerente en su momento de verdad. Generalmente un servicio está formado por varios momentos de verdad.

Podrían advertirse dos síntomas, al considerar los momentos de verdad:

➢ Un momento inicial que causa el impacto de la primera imagen, condiciona la mente y predispone el ánimo positiva o negativamente.
➢ El momento final que fija un recuerdo de las cosas buenas o malas que hizo el contratista.

## ¿Qué es un «acuerdo de nivel de servicio»?

Un esquema de nivel de servicios «ANS» en un contrato de prestación de servicios, es el acuerdo diseñado por Abastecimiento, para crear un entendimiento común sobre los servicios, las prioridades y las responsabilidades, en una relación

1

que contribuya a gestionar mejor las expectativas del cliente interno.

**Cliente:** persona o función que, a través de un proceso de intercambio, espera recibir un servicio para satisfacer necesidades.

Los clientes internos son la esencia misma de la Empresa. En ocasiones se es cliente y proveedor simultáneamente Tienen las siguientes características:

- Personas o unidades organizacionales que buscan satisfacer necesidades.
- Requieren bienes y servicios.
- No siempre tienen la habilidad para precisar o definir claramente sus necesidades
- Cuentan con un único proveedor, el área de Abastecimiento. Son clientes «cautivos».
- No hay intermediarios

En la práctica se advierte que:

- Particularmente los contratos de servicios, no cuentan regularmente con «ANS´s». Ingenuamente se piensa que es muy fácil negociarlos, con posterioridad al perfeccionamiento del contrato.
- En los sondeos de mercado, se pasa por alto solicitar a potenciales oferentes, información sobre los «ANS´s» que regularmente acuerda con sus clientes.
- Las descripciones de los servicios, no incluyen, pasan por alto o no dan relevancia a los «ANS´s».
- El talento en Abastecimiento no cuenta con las destrezas, para la adecuada articulación de «ANS´s».
- No se reconoce que la manera de medir el desempeño de un contratista con mayor objetividad, en el caso de servicios, está íntimamente ligada a los «ANS´s»
- Se descuida el seguimiento y validación de los «ANS´s»
- Se toman decisiones que pueden impactar la gestión del contrato positiva o negativamente, sin tener presente los «ANS´s», contractualmente pactados.

2

- No se utilizan los «ANS´s» para efectuar acercamientos tempranos con los contratistas para retroalimentar su desempeño, buscando oportunidades de mejoramiento.
- Se desconoce que especialmente en contratos correspondientes a nuevos servicios, durante la vida del contrato probablemente sea necesario ajustar, modificar o cambiar un «ANS» de acuerdo con la situación real vivida en el contrato

**El punto de partida**

Un «ANS» es un excelente mecanismo para gestionar expectativas que puedan concretarse de manera realista. Hay quienes ven un «ANS» como un mecanismo que reprime las quejas o una solución rápida a una relación problemática; sin embargo, usarlo para tales propósitos, genera más problemas que aquellos que resuelve.

Un «ANS» debería enfocarse como:

- **Una herramienta de relacionamiento**. El valor de dicho «ANS», además de contribuir a satisfacer las condiciones contractuales del servicio, debe contribuir a hacer más fluidas las comunicaciones.
- **Una herramienta para prevenir conflictos**. El «ANS» ayuda a evitar o aliviar disputas al proporcionar un entendimiento compartido de las necesidades y prioridades. Y si ocurren conflictos, tienden a resolverse más fácilmente y con menos crujir de dientes.
- **Un documento vivo**. Este es uno de sus beneficios más importantes. El «ANS» no es un documento para enviar al archivo muerto Las partes deben revisar el «ANS» para evaluar la necesidad de efectuar y negociar ajustes o mejoras.
- **Una base objetiva para medir la efectividad del servicio**. Un «ANS» garantiza que ambas partes, compartan los mismos criterios para evaluar la calidad del servicio.

**Componentes del «ANS»**

Un «ANS» efectivo debe incorporar dos componentes: Las descripciones básicas del servicio y las consideraciones para gestionar el acuerdo.

Las descripciones permiten establecer el marco de referencia de los servicios estableciendo:

- Los servicios prestados «y especialmente aquellos que no está cubiertos dentro del alcance porque pueden ser suministrados directamente por la Empresa».
- Condiciones de disponibilidad del servicio.
- Estándares del servicio, así como los plazos del contrato.
- Las responsabilidades de ambas Partes.
- Los indicadores de desempeño.

Las consideraciones para gestionar el «ANS», se centran en responder inquietudes como las siguientes:

¿Cómo se hará un seguimiento para medir la efectividad del servicio?
¿Cómo se informará y abordará la información sobre la efectividad del servicio?
¿Cómo se resolverán los desacuerdos relacionados con el servicio?
¿Cómo las partes revisarán y revisarán el «ANS»?

**La situación inapropiada**

Los contratistas que prestan servicios, muchas veces toman la iniciativa para establecer un «ANS» para eliminar o reducir las quejas formuladas por el gerente del contrato. Sin embargo, tratar de establecer un «ANS» con gerentes de contratos que se quejan con frecuencia, generalmente es contraproducente porque les brinda una razón más para quejarse. Antes de articular un «ANS», el contratista que presta un servicio debe buscar retroalimentación del gerente del contrato, conocer en detalle y analizar sus comentarios, para tomar paso a paso las medidas palpables que permitan solucionar sus contrariedades. Una vez solucionadas; puede ser el momento adecuado para establecer un «ANS».

En otras oportunidades es el gerente del contrato insatisfecho quien inicia un «ANS». y lo utiliza a manera de mazo para golpear con él, al contratista cuando el servicio decae. Pero al igual que en el caso anterior, el gerente del contrato muy posiblemente no logrará cambiar el comportamiento del contratista. Antes de embarcarse en los esfuerzos de un «ANS», el gerente del contrato deberá comunicar claramente al contratista el impacto que genera un servicio deficiente y los cambios requeridos. El gerente del contrato debe ser consciente qué puede o no lograr el contratista, de manera realista.

Una relación plagada de desconfianza y señalamientos, no es propicia para establecer «ANS». Primero es necesario solucionar los problemas latentes y luego establecer el «ANS».

## Secuencia para establecer un «ANS» en un proceso de contratación de servicios

Como consecuencia de las consideraciones descritas en el aparte anterior, lo más indicado a manera de buena práctica, debería ser:

### 1. Información de fondo

Abastecimiento debe recopilar información proveniente de sus clientes internos. Estos deben revisar y aclarar las necesidades y prioridades de servicio, con base en la información proveniente de contratistas anteriores, al examinar su historial de servicio.

Así será posible determinar el nivel de servicio que pueda proporcionar el nuevo contratista de manera realista. Abastecimiento debe revisar las evaluaciones de desempeño de los contratistas anteriores y en especial la del contratista actual para establecer una línea base para estructurar el nuevo «ANS».

### 2. Documento de solicitud de ofertas

En dicho documento debe incorporarse el «ANS», el cual debería ser objeto de un espacio de diálogo durante la visita al sitio de los servicios o de la obra, para permitir que los potenciales oferentes expresen sus inquietudes al respecto, dado que especialmente cuando se trata de nuevos servicios, las dos partes pueden tener diferentes puntos de vista sobre el alcance del «ANS».y lo que es posible lograr dentro de los términos de la descripción de los servicios. Ambos puntos de vista pueden ser válidos, pero lo suficientemente diferentes como para causar un colapso en el acuerdo sobre el «ANS».

Los temas que generalmente surgen al discutir un «ANS» incluyen: La división de responsabilidades, sus problemas, limitaciones y posibles impedimentos. Además, las partes pueden beneficiarse enormemente al analizar sus estilos de comunicación y preferencias. Al identificar similitudes y diferencias desde el principio, estarán en una posición excelente para minimizar problemas durante la ejecución del contrato.

Las respuestas a dichas inquietudes deben atenderse de manera formal por escrito a todos los participantes y no únicamente a quien planteó la inquietud. En algunos casos es posible que la preocupación sea de tal magnitud, que implique la necesidad de formular una adenda a la solicitud de ofertas.

**3. Proceso de adjudicación del contrato**

Es posible que antes de perfeccionar el contrato sea necesario hacer ajustes al «ANS» como resultado de formular preguntas y ofrecer sugerencias sobre el texto final.

**4. Desarrollar el «ANS»**

Durante la reunión de inicio conocida también como «Kickoff meeting», las Partes se pondrán al tanto del contenido del «ANS», teniendo presente que los actores durante el desarrollo del contrato, pueden ser diferentes de aquellos que participaron en las fases anteriores del proceso de selección de contratistas o proveedores.

Es necesario reconocer que el «ANS», es una excelente herramienta para ayudar a las Partes a mejorar las comunicaciones, gestionar las expectativas, aclarar responsabilidades y sentar las bases para una relación gana-gana.

Un «ANS» que no se gestiona, muere en su implantación. Las responsabilidades tanto de la Empresa como del contratista o proveedor, incluyen proporcionar un punto de contacto para problemas relacionados con «ANS»; mantener un contacto continuo con la otra parte; realizar revisiones; coordinar e implementar modificaciones al «ANS»; y evaluar e informar sobre cómo las Partes pueden mejorar aún más su relación contractual.

**Proceso para articular el «ANS»**

El siguiente esquema describe la secuencia en la conformación de un «ANS»:

**Fortalecimiento del vínculo con el cliente**

El siguiente esquema bajo la óptica del ciclo de mejoramiento continuo, plantea la manera de aproximarse a los clientes internos para establecer un «ANS»; bien sea Abastecimiento con sus clientes internos o los gerentes de contratos con sus contratistas.

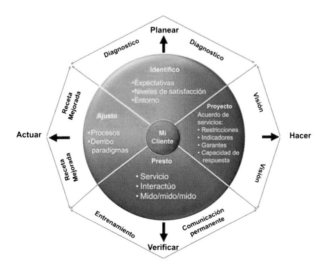

7

La siguiente gráfica valora a los clientes internos de acuerdo con su nivel de percepción. Las definiciones en cada nivel, se explican por sí solas:

### Ejemplos de ANS's

Los dos ejemplos siguientes de «ANS´s», corresponden a un ejercicio corporativo cuando apenas se daban los primeros pasos para organizar los «ANS´s» en contratos de alguna complejidad; si bien no consideraron muchas de las sugerencias formuladas en párrafos anteriores, probaron ser efectivos.

| Transporte nacional |
| --- |
| **Tipo de servicio**: Transporte nacional |
| **Proveedor**: Consorcio RGS: Rino; Gruacol; ServiLlanura. |

## Transporte nacional

**Cliente primario**: Supply Chain Management: Logistica.

**Cliente interno**: Clientes internos que solicitan bienes de compra local, importación y reexportación.

**Descripción del servicio:**

Prestación de los SERVICIOS de transporte de carga desde los diferentes sitios puertos / aeropuertos, plantas de revestimiento o bodegas, hasta los sitios de destino, ubicados principalmente en el Departamento del Casanare.

**Condiciones y especificaciones del servicio:**

- Los servicios se solicitan mediante comunicación escrita por parte de la Sociedad de Intermediación Aduanera «SIA», vía e - mail al transportador con la debida anticipación que se menciona más adelante, para permitirle al contratista ubicar los equipos y tramitar ante el Instituto Nacional de Vías, los respectivos permisos en el caso de carga sobredimensionada y/o extra pesada, de acuerdo con las resoluciones correspondientes del Ministerio de Transporte.
- Las solicitudes de servicio se deben enviar incluyendo información general de la respectiva carga, en cuanto a medidas y pesos exactos de la carga a transportar.
- Los tiempos estipulados para solicitud del servicio, son los siguientes en los trayectos nacionales:
  - ➤ Carga convencional sin sobredimensiones: solicitud con 24 horas hábiles.
  - ➤ Carga convencional con sobredimensiones: solicitud con 72 horas hábiles de anticipación para solicitar permiso y/o escolta y/o policía de carreteras.
  - ➤ Carga sobredimensionada o pesada en equipo especial: solicitud con 10 días hábiles de anticipación, para solicitar permisos ante INVÍAS Bogotá, cuyo trámite demora mínimo 8 días hábiles.
  - ➤ Proyectos especiales de carga convencional por volumen de equipos a utilizar: solicitud con 72 horas de anticipación para programación de varias unidades «caso movimientos de tuberías en convoyes y/o campamentos».
- Típicamente este servicio, se presta con el siguiente equipo:

9

| Transporte nacional |
|---|
| ➢ Tracto mulas. |
| ➢ Camabajas. |
| ➢ Camiones doble troque. |
| ➢ Camiones 600. |
| ➢ Camiones 300. |
| ➢ Camiones 100. |
| ➢ Equipos modulares de diferentes tipos y divididos en tres categorías estándar: |
| ✓ Modular hasta 30 toneladas. |
| ✓ Modular tipo 1 hasta 60 toneladas. |
| ✓ Modular tipo 2 hasta 90 toneladas. |

**Limitaciones y restricciones:**

Para el transporte de carga sobredimensionada y extra pesada se tienen las siguientes limitaciones y restricciones:

- De lunes a viernes: Se transitará en un horario diurno de 6:00 A.M. a 6:00 P.M.
- En caso de tránsito nocturno, se requiere autorización escrita de la Empresa y el uso de escoltas.
- Fines de semana: Existe restricción para el transporte de carga para el transporte de carga especial a partir del mediodía del sábado.
- Los domingos y festivos no está permitido el tránsito.
- Fin y comienzo de año: Existe una restricción para movilizar cargas que requieran permisos y/o escoltas durante los últimos 15 días del año y primeros 10 días del año siguiente.
- Semana Santa: Existe restricción durante toda la Semana Santa para transportes que requieran permisos y/o escoltas.
- Escoltas: Toda la carga sobredimensionada y/o extra pesada, señalada en las respectivas resoluciones, debe llevar acompañante de policía de carreteras y carro escolta para control de tráfico.
- Rutas: De acuerdo con el sobredimensionamiento o sobrepeso de la carga, el Contratista estudiará la ruta a seguir para determinar restricciones por gálibos y capacidad portante de los puentes, líneas de energía, vallas, etc.

| Transporte nacional | |
|---|---|
| • Exigencia de la carga: Toda carga a transportar exige de una logística, alistamiento de los equipos de transporte «cama alta; cama baja; modulares» y cuidados en su manipulación. | |
| **interfaces operativas:**<br><br>• **Externas:** Con la Sociedad de Intermediación Aduanera, con la Policía Vial y el Instituto Nacional de Vías.<br>• **Internas:**<br>  &#10148; Con Supply Chain Management : logística. Nombre.<br>  &#10148; Con bodegas en campo: *Nombre* «bodega ubicada en:» Ext. *xxxx*; *nombre* «Bodega ubicada en:» Ext xxxx; y nombre «Bodega ubicada en: » Ext *xxxx*.<br>  &#10148; La bodega del Contratista de Intermediación Aduanera, localizada en.......... es el centro de acopio de carga en Bogotá. | |
| **Indicadores de desempeño:** | |
| Solicitud de servicios | Enviar como mínimo, dentro de los tiempos establecidos contractualmente y los incluidos en este documento, antes del servicio:<br><br>• 24 horas para carga convencional.<br>• 3 días hábiles para cargas sobredimensionadas en equipo convencional y<br>• 10 días hábiles para cargas especiales en equipos NO convencionales. |
| Permisos ante el Instituto Nacional de Vías. | • 3 días después de radicación, para cargas convencionales con sobredimensión.<br>• 10 días después de radicación para cargas especiales en vehículos NO convencionales. |

11

| Transporte nacional | |
|---|---|
| Colocación de vehículos en el sitio solicitado. | 24 horas hábiles después de solicitados para cargas convencionales. |
| **Ciclos de transporte** | |
| Santa Marta - Bogotá | 2 días hábiles. |
| Santa Marta - Casanare | 3 días hábiles. |
| Barranquilla - Bogotá | 2 días hábiles. |
| Barranquilla - Casanare | 3 días hábiles. |
| Cartagena - Bogotá | 2 días hábiles. |
| Cartagena - Casanare | 3 días hábiles. |
| Buenaventura - Bogotá | 2 días hábiles. |
| Buenaventura - Casanare | 3 días hábiles. |
| Bogotá - El Yopal | 1 día. |
| Bogotá - Cusiana | 1 día. |

**Notas:**

- Para los transportes en modular, los tiempos de tránsito son estimados.
- Los tiempos de transporte están basados en un promedio de tipos de cargas y únicamente contemplan transporte diurno.
- Para las cargas sobredimensionadas, transportadas con equipos convencionales, se debe contemplar un día adicional.

**Facturación**

| | |
|---|---|
| Inconsistencias en la parte contable y soporte. | Deben indicar el número de la orden de compra o AFE del usuario que solicita el transporte. |

**Reportes**

| Transporte nacional | |
|---|---|
| Reporte a la iniciación de un proyecto especial de transporte. | 2 días antes de iniciar el proyecto. |
| Reporte periódico del desarrollo y avance de un proyecto especial de transporte. | Semanalmente. |
| Reporte a la terminación de un proyecto especial de transporte. | 5 días después de terminar el proyecto. |
| **Garantes del «ANS»** | |
| Aceptación Cliente primario: | Aceptación cliente interno: |
| Firma: | Firma: |
| | Nombre |
| | Aceptación Cliente interno: |
| | Firma: |
| | Nombre |
| Aceptación Proveedor del servicio: | Aceptación Cliente interno: |
| Firma: | Firma: |
| | Nombre |
| Fecha del «ANS»: | Marzo xx de 2.0xx |
| Revisión: | 00 |

| Intermediación aduanera |
|---|
| **Tipo de servicio:** Intermediación aduanera. |
| **Proveedor:** Aduanas Representaciones Ltda., ARL S.I.A. |
| **Cliente primario:** Supply Chain Management: logística. |
| **Cliente final:** Clientes internos de bienes de importación/ exportación. |

| **Descripción del servicio:** |
|---|
| El Contratista prestará los servicios de intermediación aduanera y demás servicios de logística en materia de comercio exterior, que requiera la Empresa en desarrollo de sus operaciones en Colombia. |

| **Condiciones y especificaciones del servicio:** |
|---|
| Los servicios se solicitan cuando J & K «Agente despachador en el exterior» entrega a ARL S.I.A. la guía aérea y demás documentos de importación; el «Help desk» los toma, analiza y les asigna la respectiva declaración de aduana y determina el régimen de importación. Con base en lo anterior, elaboran la declaración de importación. En caso de faltar documentos, ARL S.I.A. los solicitará directamente a J & K, a menos que requiera de la intervención del área de Logística de SCM, en cuyo caso establecerán contacto con nombre - 62841xx -. |
| Igual procedimiento aplicará para el manejo de embarques con destino al área de mantenimiento, cuyas instrucciones son dadas directamente por Equipetróleo. |
| J & K tendrá en sus registros la fecha de entrega de los documentos y por su parte ARL S.I.A. tendrá en sus registros, la fecha de recibo de la documentación. |
| En el caso de reexportaciones, la solicitud es generada directamente por la Empresa o a través de los clientes internos. ARL S.I.A. solicitará la documentación original con la cual entró al país el equipo y con base en ella, preparará la documentación, la cual debe ir a los organismos oficiales respectivos para los correspondientes Vistos Buenos «Minminas - Mincomex - Dian». |

| Intermediación aduanera | |
|---|---|
| **Limitaciones y restricciones:** | |

Para el manejo de embarques con descargue directo y/o de emergencia se tienen las siguientes limitaciones y restricciones:

- Debe darse aviso a ARL S.I.A., con 24 horas de anticipación «de lunes a viernes».

- Para servicios especiales los sábados debe informarse a ARL S.I.A., con 24 horas para que puedan hacer la solicitud ante la respectiva Administración de la Aduana.

- Los domingos y festivos no hay servicio de Aduana y los trámites de los embarques que se reciban en ese día, se iniciarán el día hábil siguiente.

**Interfaces operativas:**

**Externas:** Con la DIAN, Mincomex, aerolíneas, líneas navieras, sociedades portuarias, la empresa responsable del transporte nacional «Consorcio RGS».

**Internas:**

- Con Supply Chain Management Logística. Nombre. - 62841xx -.
- Con bodegas en campo: Nombre «bodega ubicada en:», Ext. xxxx; nombre «bodega ubicada en:» Ext xxxx; y nombre «bodega ubicada en:» Ext xxxx

**indicadores de desempeño**

**Clasificaciones arancelarias**

| Asignación de clasificaciones arancelarias. | Estándar en días: 1 día. |
|---|---|
| «back log» de clasificaciones arancelarias consolidadas / número total de clasificaciones requeridas. | 100 % |

**Trámites de documentación**

| Registros individuales. | Estándar en días: 15 días. |
|---|---|

| Intermediación aduanera | |
|---|---|
| Licencia anual. | Estándar en días: 15 días. |
| Declaraciones de importación. | Estándar en días: 3 días. |
| Declaraciones de reexportación | Estándar en días: 10 días. |
| Registro en el sistema de información de la imagen digital de documentos de nacionalización: Factura, B/L, AWB, lista de empaque, etc. | Estándar en días: 2 días. |
| Entrega de documentación a la Empresa que respalde las operaciones de importación / reexportación. | Entregas mensuales. |
| **Toma de seriales** | |
| Ejecución física de la toma. | Estándar en días: 1 día. |
| Inconsistencias en la toma de seriales. | 0 inconsistencias. |
| **Fondo rotativo** | |
| Tiempo de solicitud de fondos. | Estándar en días: 7 días. |
| Legalización de fondos. | Estándar en días: Mensual. |
| Eficiencia: fondos utilizados/ fondos solicitados para un período dado. | 100% |
| Pagos a terceros. | Dentro de los 30 días siguientes a la aprobación de la factura. |

| Intermediación aduanera | |
|---|---|
| **Costos reembolsables** | |
| Derechos de Aduana, IVA. | Se cancelan con recursos del Fondo Rotativo. |
| Bodegajes. | Ídem anterior. |
| **Facturación** | |
| Inconsistencias en la parte contable y soporte. | 0 |
| **Ciclos de servicio** | |
| Liberación de materiales vía marítima. | |
| Aduana de Santa Marta. | Estándar en días: 3 días. |
| Aduana de Barranquilla. | Estándar en días: 3 días. |
| Aduana de Cartagena. | Estándar en días: 3 días. |
| Aduana de Buenaventura. | Estándar en días: 3 días. |
| Liberación de materiales vía aérea. | |
| Aduana de Bogotá. | Estándar en días: 3 días. |
| Aduana de Barranquilla. | Estándar en días: 3 días. |
| Permanencia de materiales en bodega de acopio. | Inferior a 2 días. |
| Pólizas de seguros | |
| Control de fechas de vencimientos de importaciones temporales. | 100 % |

| Intermediación aduanera | |
|---|---|
| Control de fechas de vencimientos de Reimportaciones. | 100 % |
| Solicitud de pólizas para amparar trámites aduaneros. | Estándar en días: 2 días. |
| Trámite de cancelación de pólizas. | Estándar en días: 30 días. |
| Multas y sanciones | 0 |
| Digitación base de datos de la Empresa | 100 % |
| **Levantamiento de procesos** | |
| Levantamiento de todos los procesos. | mes xx/2.0xx |
| Actualización periódica de todos los procesos. | 100% |
| **Etapa del servicio** | Fecha a partir de la cual comenzará a contar el tiempo del servicio ofrecido. |

| | | | |
|---|---|---|---|
| A. | Tiempo de solicitud de fondos. | Exportación. | Tres días hábiles de restitución del fondo, siempre y cuando se hayan cumplido los prerrequisitos de solicitud de fondos, por parte de ARL S.I.A. |
| | | Importación. | |

| Intermediación aduanera | | |
|---|---|---|
| B. | Tiempo de tramitación de exportación. | Fecha en la que se cumplan las siguientes condiciones: |
| C. | Tiempo de tramitación de importación. | • Documentos originales completos y correctos del cliente en poder de ARL S.I.A.<br>• Llegada de la carga al puerto, depósito habilitado o aeropuerto. |
| D. | Tiempo de entrega de factura y documentos de ARL S.I.A. | Exportación | Fecha de recibo del DEX certificado por parte de la DIAN. |
| | | Importación | Fecha de entrega de documentos al transportador. |

**Garantes del «ANS»**

| Aceptación Cliente primario: | Aceptación Cliente interno: |
|---|---|
| Firma: | Firma: |
| | Nombre |
| | Aceptación Cliente interno: |
| | Firma: |
| | Nombre |
| Aceptación Proveedor del servicio: | Aceptación Cliente interno: |
| Firma: | Firma: |
| | Nombre |

| Intermediación aduanera | |
|---|---|
| Fecha del «ANS»: | Marzo xx de 2.0xx |
| Revisión: | 00 |

El siguiente gráfico ilustra la manera como se planteó el «ANS» de las actividades logísticas, que ese momento aún no se consolidaban en un Operador Logístico Integral «OLI», y se manejaban de manera desagregada:

- Consolidación de carga en el exterior, incluía transporte marítimo y aéreo.
- Intermediación aduanera y
- Transporte terrestre local.

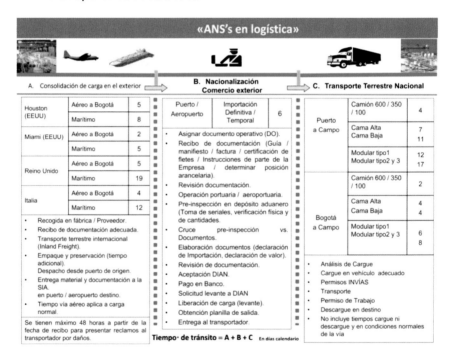

# Decisiones

¿Se tiene preparado un texto específico para incluir en los alcances de los servicios, que define el alcance de un «ANS»?

¿Cómo se asegura que los clientes internos tengan las destrezas requeridas para configurar, antes de iniciar un proceso de selección de contratistas o proveedores, un adecuado «ANS»?

¿Se requiere un consultor externo para implantar dentro de la Empresa, una política de acuerdos de niveles de servicio, no solo a nivel interno, sino con contratistas y proveedores?

¿Qué área debe ser responsable por contratar dicho consultor y poner en práctica esta política?

¿Cuáles cambios se requiere implantar?

¿Qué se requiere hacer de manera diferente?

¿Cuál es el plan de acción?

Existen a menudo procesos complicados y largos en la cadena de suministro. Esto es particularmente cierto, cuando se trata de un contrato nuevo de prestación de servicios. Las siguientes pueden ser consideradas como algunas causas, seleccionadas al azar, de problemas en los contratos de servicios:

¿Baja calidad de los servicios?

¿Información equivocada o deficiente?

¿Errores por parte del contratista o de la Empresa?

¿Talento humando del contratista, sin la experiencia requerida?

¿Actitud bien sea del contratista o del gerente del contrato?

¿Mal día por del contratista o de la Empresa?

¿El gerente del contrato no participó en el proceso pre contractual?

¿Faltantes de inventarios de insumos?

¿Desperdicio de materiales?

¿Tiempo no productivo?

¿Movilización tardía de la mano de obra?

¿Argumentos contractuales??

¿Información tardía de proveedores?

¿Escasez de instalaciones temporales?

Los clientes se tornan difíciles porque:

¿Están cansados o frustrados?

¿Están confundidos o abrumados?

¿Están defendiendo su ego o autoestima?

¿Nunca han estado en una situación similar?

¿Se sienten ignorados?

¿Nadie los ha escuchado?

¿No hablan o no entienden bien el idioma?

¿Han recibido un mal trato en el pasado, en circunstancias similares?

¿Están de mal humor y se desquitan con usted?

¿Están apurados o, han esperado mucho para recibir el servicio?

# Compras o contrataciones ágiles

## Nociones

En el giro de los negocios de Abastecimiento, se presenta con frecuencia la necesidad de atender compras o suministros de manera ágil y rápida. Para lograr la eficiencia en el proceso de abastecimiento, sin poner en riesgo el marco regulatorio de la Empresa, este tipo de compras se debe manejar separadamente.

Las compras o contrataciones ágiles, pueden definirse como: «Aquellas en las cuales se flexibilizan y simplifican los procesos de selección, los documentos contractuales y la delegación de autoridad para perfeccionarlas de manera expedita, sin poner en riesgo el proceso de abastecimiento y sin desconocer las políticas, principios y reglas generales que orientan la contratación en la Empresa».

Estas compras o contrataciones esporádicas, corresponden a necesidades ocasionales que no se repiten en el corto plazo. Por lo tanto, la selección del proveedor o contratista debe ser un proceso sencillo que debe reducirse a una mera comparación de precios; sin embargo, para la Empresa será muy difícil determinar alguna forma de medir el desempeño formal del proveedor, ya que es muy probable que dicho bien o servicio, no se requiera de nuevo.

El relacionamiento con proveedores y contratistas en este tipo de compras, es muy elemental porque los contactos y comunicaciones entre la Empresa y el proveedor o contratista, suelen ser lejanos. Será una transacción en la que cada parte intentará optimizar su ganancia, reduciendo al máximo su contra prestación.

Una desventaja perceptible de esta modalidad, es el hecho de tener que comprar o contratar a un número considerable de proveedores o contratistas, generándose una carga administrativa que, de continuar con la modalidad, se hará más engorrosa y pesada en el tiempo.

En un principio podría pensarse que ese tipo de compras o contrataciones se ubican exclusivamente en el cuadrante de rutinarios, porque corresponden a bienes y servicios estándar de bajo costo, para los cuales el riesgo de que ocurra un problema una vez perfeccionado el contrato u orden de compra es bajo; además se cuenta con un número satisfactorio de proveedores y contratistas y en caso de ser necesario cambiar el proveedor original, los costos de hacerlo no son altos.

Pero en los cuadrantes restantes, podrían encajar también necesidades similares que no requieren someterse a la rigurosidad prevista en procesos y procedimientos como, por ejemplo:

- Compras urgentes.
- Contratación directa en la cual no obstante existir un abanico de potenciales oferentes, por distintas razones Abastecimiento decide contratar los servicios o adquirir bienes de alguien en particular, sin realizar un proceso competitivo.
- Compras a proveedores no creados en el registro de proveedores y dada la naturaleza de la compra o contratación, no se cuenta con el tiempo requerido para hacer el registro.
- Compras que surgen cuando el factor tiempo, impide utilizar los mecanismos normales de compra.
- Compras de elementos menores no presupuestados, que se adquieren para ser usados instantáneamente.
- Compras que se realizan por una sola vez y los costos de crear al proveedor en el registro de proveedores y perfeccionar el pago, pueden exceder el mismo valor de la compra.
- Compras que no requieren pólizas o garantías.

Los siguientes bienes y servicios, pueden ser ejemplos de las opciones de compras, antes mencionadas, que podrían asimilarse a diferentes categorías:

- Pagos de eventos y recepciones.
- Papelería y útiles de oficina.
- Productos de aseo y limpieza.

- Muebles y equipamiento de oficina.
- Compras de artículos promocionales
- Ferretería y eléctricos.
- Inscripciones individuales a cualquier tipo de capacitación formal o no formal, seminarios, entrenamientos, congresos, simposios, cursos o similares requeridos por la Empresa para sus empleados.
- Compras menores por vía electrónica.
- Obsequios y/o regalos de acuerdo con los lineamientos establecidos por la Empresa.
- Servicios de «catering».
- Eventos corporativos.
- Mantenimiento de vehículos y motos.
- Pago de suscripciones a cualquier tipo de publicación: Prensa, revistas y otros similares.
- Libros físicos y/o electrónicos.
- Traducciones.
- Almacenes de cadena.
- Bases de datos.
- Componentes electrónicos.
- Adquisición de insumos químicos e instrumentos menores.
- Pagos de membresías y afiliaciones a entes corporativos, gremiales, sectoriales o similares.
- Pago de pautas publicitarias, programas de difusión y/o paquetes de comunicaciones a través de cualquier medio de comunicación.
- Tiquetes aéreos, solo cuando no se tenga un servicio integral de suministro de tiquetes aéreos para el desplazamiento nacional o internacional de los funcionarios de la Empresa.
- Servicios de correo y mensajería.
- Transportes locales.

**Tarjeta empresarial, como medio de pago para procesos de compras.**

En el caso de compra de bienes «tangibles» debería utilizarse una tarjeta empresarial. Este es un medio de pago y financiación, con cupo de crédito permanente que le permite a la Empresa:

- Obtener mayor liquidez.
- Optimizar trámites operativos para la gestión de pagos.
- Administrar sus recursos de manera eficiente.
- Tener control absoluto de los gastos a través del monitoreo en línea.
- Establecer un límite de gastos por cada plástico.
- Permitir la cobertura de todos los montos, tanto en establecimientos como portales online.
- Recibir oportunamente los estados de cuenta, desglosados por plástico.
- Llevar un control detallado de los gastos para la conciliación y legalización.

Las siguientes deben ser las precauciones que deben tenerse en cuenta en el manejo y uso de la tarjeta de crédito, para el mencionado proceso de compras:

- Abastecimiento deberá definir quiénes son los empleados autorizados para manejar una tarjeta de crédito empresarial, con un cupo previamente definido por la Empresa.
- La Empresa recibe un cupo de crédito global, que se distribuye entre las tarjetas autorizadas a los distintos funcionarios de Abastecimiento; aunque lo más adecuado sería autorizar un solo funcionario.
- Los avances en efectivo no están autorizados en este tipo de tarjetas; las compras se harán con la opción de una sola cuota.
- No se puede comprar más de dos (2) veces en el mismo mes calendario el mismo artículo. Cuando la misma clase de compra se presente en meses diferentes, es necesario analizar si se trata de una compra repetitiva, que requerirá el perfeccionamiento de una orden de compra.
- La correcta y oportuna ejecución de pagos estará a cargo de los funcionarios autorizados para utilizar el plástico, quienes deben:

  ➢ Recibir y verificar la información para legalizar los pagos contra los extractos bancarios.
  ➢ Generar la autorización de pago para que el área de cuentas por pagar. proceda con la causación e inicio

del trámite del pago.
- ➢ Revisar y controlar el pago oportuno de cada una de las cuentas causadas. En caso de presentarse diferencias entre lo indicado en el extracto bancario y lo registrado por el funcionario, éste deberá presentar el respectivo reclamo a la entidad financiera para que se inicie el proceso de reembolso a favor de la Empresa.
- ➢ Actuar como contacto directo entre la Empresa y la entidad bancaria.

Los análisis periódicos de los tipos de compras y sus costos, permitirán identificar cambios al modelo; controles adicionales; incrementar el número de funcionarios autorizados; incrementar o disminuir montos autorizados; actualizar los procedimientos que faciliten y aseguren el proceso de abastecimiento, buscando el uso adecuado de los dineros de la Empresa.

**Aceptación de establecimientos de comercio para uso de la tarjeta empresarial**

Respecto a los establecimientos de comercio con los cuales, se efectuarían las transacciones de compras ágiles, surge una inquietud y es corroborar, por ejemplo, si dichos establecimientos:

- • Realizan las declaraciones y constancias, en materia de prevención de lavado de activos y financiación del terrorismo.
- • O si sus representantes legales aparecen reportados en las listas restrictivas definidas por la Empresa.
- • Cumplen en materia de aportes, al sistema de protección social.

Proceder con este tipo de validaciones, desvirtuaría el espíritu de las compras ágiles, porque fácilmente agregaría varios días al proceso. Haciendo una analogía, sucedería lo mismo si una persona natural al efectuar una compra en un restaurante; en un centro comercial; en una agencia de viajes; en una estación de servicio, solicitara la misma información, al momento de efectuar el pago. En las compras ágiles en abastecimiento, las necesidades de compra surgen aleatoriamente y no es posible planearlas o anticiparlas.

Tratar de efectuar este tipo de confirmaciones, es un ejercicio académico que se plantea desde el escritorio al momento de desarrollar por ejemplo un procedimiento, pero que no tiene asidero en el quehacer cotidiano.

Aún más, es necesario tener presente que un buen porcentaje de estas compras, se perfecciona con proveedores pequeños y otro porcentaje relevante, muy posiblemente corresponda a tiendas y mercados caracterizados como grandes superficies, que con toda seguridad no están interesados en diligenciar una serie de formularios y suministrar información para efectuar una venta menor.

No obstante, algunas empresas en sus procedimientos establecen que, para proceder con el uso de la tarjeta de crédito en establecimientos de comercio, se debe realizar una consulta de mercado periódicamente «tres veces al año, por lo menos» para verificar como mínimo, las siguientes condiciones:

- Que atiendan las necesidades de la Empresa.
- Que los establecimientos de comercio, cuenten con los medios tecnológicos que permitan el uso de la tarjeta corporativa.

Si las compras agiles responden a necesidades difíciles de anticipar; no se entiende como sería posible identificar previamente dichos establecimientos comerciales. En el mejor de los casos, el ejercicio podría hacerse con los proveedores con los cuales ya se perfeccionó una compra; los resultados no tendrían impacto retroactivo y solo aplicarían para compras que surjan en el futuro.

**Contratación de servicios - intangibles - por modalidad telefónica.**

Sin entrar en las consideraciones jurídicas propias de este tipo de contratación, conviene traer a colación algunas reflexiones que el abogado Carlos Villalba Cuéllar master en derecho francés, europeo e Internacional de negocios de la universidad de Paris II y el Instituto de Derecho Comparado de París y especialista en docencia universitaria, hace en su libro «Contratos por medios electrónicos. Aspectos sustanciales y procesales». http://www.redalyc.org/pdf/876/87602207.pdf

> «LA CONTRATACIÓN ELECTRÓNICA
> El concepto de contrato electrónico:
>
> La contratación por medios electrónicos o los contratos electrónicos no implican una nueva concepción o un replanteamiento de la teoría general de los contratos regulada en los ordenamientos jurídicos nacionales. No nos encontramos frente a un nuevo tipo contractual, nos encontramos frente a una nueva forma de celebrar contratos en la cual las partes manifiestan su consentimiento utilizando medio electrónicos como Internet, fax, videoconferencia, etc.
>
> .............Sin embargo, la regulación nacional e internacional sobre la materia ha demostrado que no es necesaria la modificación o revisión de la teoría general de los contratos clásica. En cambio, para dotar de seguridad y validez jurídica a los nuevos medios utilizados para contratar y resolver ciertos problemas de aplicación práctica, como la ausencia de soporte papel y la firma autógrafa que da autenticidad y validez a un documento, era imperiosa la consagración de ciertos principios, sobre todo el del equivalente funcional.
>
> .........Algunos estudiosos acertadamente consideran que entender la contratación electrónica como una novedad dogmática, dentro de la teoría del negocio jurídico, parece ser un error. Desde este punto de vista se ha definido la contratación electrónica como «*aquella que engloba a los contratos que se perfeccionan mediante el intercambio electrónico de datos de ordenador a ordenador*».

**Etapas de la contratación por modalidad telefónica**

**Previamente a la llamada telefónica**

- Contar con los sistemas electrónicos de grabación telefónica, definidos por el área de Abastecimiento.
- Comunicar al representante legal del contratista, la fecha y hora de la llamada en las que debe hacer la llamada. En todos los casos, será el potencial contratista quien se comunique telefónicamente con la Empresa, marcando el conmutador de la Empresa y la extensión de la persona responsable por el proceso de contratación.
- Establecida la comunicación el contratista debe identificarse con el código de seguridad «único para cada llamada», para permitir su verificación.
- Durante el desarrollo de la llamada, el representante de la Empresa seguirá las pautas establecidas en el protocolo de contratación.
- Enviar con la debida antelación, los documentos que resulten aplicables.

**Durante la llamada telefónica**

- Verificar el código de seguridad.
- Al finalizar la(s) llamada(s), enviar al contratista el protocolo definido por Abastecimiento y diligenciado, de acuerdo con los términos acordados con el contratista.
- Dentro del contrato, se debe dejar declaración manifiesta que el proceso se realizó mediante modalidad telefónica.

Si se acepta que la mayoría de los servicios objeto de compras y contrataciones ágiles, se ubica en los dos cuadrantes inferiores «rutinarios y relevantes o de palanca» de la matriz de posición del abastecimiento, caracterizados por ser de bajo impacto y bajo riesgo, las minutas de contratos en este tipo de contratación deben ser igualmente ágiles y sencillas; con un reducido número de cláusulas, sin perder rigurosidad jurídica.

De la misma manera como el pasado, las empresas utilizaban la figura del «Abastecimiento integrado» en la cual un proveedor respondía y se enfocaba en integrar y efectuar la compra de

30

renglones tácticos y operacionales, y así lograban aumentar su flexibilidad para adaptarse a las solicitudes de los clientes internos, reducir el desperdicio y disminuir los costos; la Empresa podría tercerizar las compras o contrataciones con tercero que funcionara dentro de sus instalaciones «servicio in House».

En una charla con Marco Aurelio Ayala, economista y amigo respecto a compras ágiles, surgió la búsqueda de una analogía que permitiera entender la concepción de las compras y contrataciones ágiles desde otra óptica; él sugirió estudiar el tema del «Triage» en hospitales y clínicas.

El «Triage» es un término francés que se emplea en el ámbito de la medicina para clasificar, seleccionar o elegir a los pacientes a partir de su urgencia, de recibir tratamiento médico inmediato.

El uso rutinario de los servicios de urgencia de clínicas y hospitales por parte de personas que enfrentan situaciones de salud que en sí mismas, no constituye una emergencia; ha direccionado el sistema para que preferentemente se utilice para definir las prioridades en este tipo de atención.

La red de salud UC. Christus en el vínculo http://redsalud.uc.cl/ucchristus/servicio-de-urgencia/triage_que_es_para_que_sirve.act establece que el «Triage» busca evaluar rápidamente a los pacientes y ubicarlos en la lista de espera para la atención médica. Por desgracia, muchas personas insisten en ser atendidas de inmediato. por orden de llegada y no por la gravedad de sus síntomas.

El sistema «Triage» divide los estados de gravedad en varias categorías incluyendo desde estados críticos a situaciones menos urgentes.

La aplicación de la priorización es de responsabilidad del equipo de enfermería del servicio de urgencia. Así, cuando un paciente ingresa es recibido por una enfermera o enfermero, quien controla signos vitales y aplica un cuestionario que apunta determinar el grado de urgencia.

«Triage 1»: Atención inmediata.

El paciente debe ser evaluado y atendido de manera inmediata, dado que su condición representa un serio riesgo para su vida.

«Triage 2»: Manejo dentro de 10 minutos como máximo.

El paciente debe ser evaluado y atendido en segundo orden de prioridad. Se aplica en pacientes con dolor severo, particularmente si se trata de personas mayores o factores de riesgo entre otros: diabetes, cardiopatías o hipertensión arterial.

«Triage 3»: Atención médica, en los siguientes 30 minutos.
El paciente puede esperar un tiempo razonable para ser atendido. Se aplica en personas cuya condición, no implica un riesgo inmediato para su vida.
«Triage 4»: Atención médica, en los siguientes 60 minutos.

En esta categoría caben todos los consultantes que no están en las categorías anteriores y que, además de la atención médica, requieren de un procedimiento diagnóstico o terapéutico para su resolución.

Cada Empresa debería desarrollar su «triage» de compras ágiles, para atender:

- Emergencias médicas, por accidentes laborales.
- Circunstancias fortuitas como incendios, terremotos, actos terroristas, entre otros, que pueden poner en riesgo los colaboradores o los activos físicos de la Empresa.
- Riesgos mecánicos, por accidentes en la operación de maquinaria y equipo.
- Impactos que ponen en duda, la continuidad de la operación y las metas de la Empresa.
- Impactos negativos en el negocio.
- Instalaciones que amenazan ruina.
- Exigencias de Ley, de inmediata aplicación.
- Parálisis de una operación de la Empresa.
- Stand by.

## Decisiones

¿Se ha identificado y cuantificado en la Empresa, la existencia de compras y contrataciones ágiles?

¿Abastecimiento ha definido claramente en qué consisten y cómo se clasifican, las compras y contrataciones ágiles?

¿Se cuantifican las compras y contrataciones ágiles, que se vuelven repetitivas en el tiempo para convertirse en compras o contrataciones fraccionadas, que requieren otros vehículos comerciales y procesos formales de selección de contratistas y proveedores?

¿Es claro que, en el caso de compras y contrataciones ágiles, el relacionamiento con proveedores y contratistas es distante?

¿Se percibe la elevada carga administrativa que genera el realizar compras y contrataciones ágiles y el desgaste de recursos especializados, en manejar este tipo de compras?

¿Se cuenta con claros ejemplos de compras y contrataciones ágiles que podrían organizarse por categorías?

¿Se ha evaluado el uso de la tarjeta empresarial, como medio de pago para procesos de compras y contrataciones ágiles?

¿Se han determinado las ventajas y desventajas de utilizar la tarjeta empresarial?

¿Se han recibido de la entidad bancaria, las recomendaciones y precauciones que deben tenerse en cuenta en el manejo y uso de la tarjeta de crédito?

¿Se han definido los requisitos que deben cumplir los establecimientos de comercio, con los cuales se harán compras con tarjeta empresarial?

¿Se ha evaluado la conveniencia o no, de contratar servicios por modalidad telefónica?

¿Se cuenta con un procedimiento claro y completo para utilizar este tipo de modalidad?

¿Se ha entrenado debidamente, el personal que será responsable por manejar este tipo de modalidad?

¿Se ha analizado un mecanismo de atención de las compras y contrataciones ágiles, similar al «Triage» que se utiliza en clínicas y hospitales para suministro de tratamiento médico inmediato?

¿Se ha desarrollado un piloto para evaluar este mecanismo?

## Metodología de visitas a potenciales oferentes

### Nociones

Antes de incursionar en el tema conviene hacer referencia a cuáles pueden ser posibles fuentes para efectuar sondeos de mercado, para elaborar «listas largas» de potenciales oferentes; las cuales se describen en el mapa mental siguiente:

**Fuentes para sondeos de mercado**

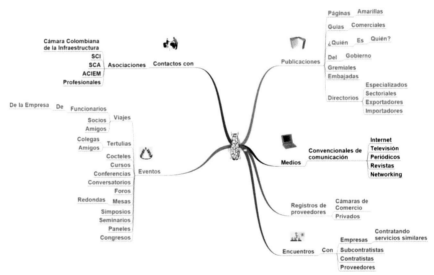

En algunos casos como por ejemplo de servicios o suministros de alto riego e impacto o complejidad, durante el proceso de sondeo de mercados, algunas veces es necesario efectuar visitas a los potenciales oferentes en sus oficinas o en los sitios de sus obras o de prestación de los servicios en ejecución.

Las visitas se realizarán a aquellos potenciales oferentes que presentaron información satisfactoria, en respuesta al sondeo en desarrollo.

El propósito es validar en la fuente, la información que el oferente ofrece en su repuesta a los sondeos, en lo relacionado con: temas como:

- Inspección tanto de las instalaciones, como de los lugares donde el oferente presta/suministra sus servicios/productos.
- Inventario de repuestos y materiales que el oferente ofrece y tiene disponibles.
- Equipos que tiene comprometidos en otros proyectos y que eventualmente ofrece para la prestación de los servicios.
- Consultores especializados, que tiene disponibles en su organización.

Dos ejemplos dan una idea aproximada de la conveniencia y necesidad de hacer este tipo de visitas:

- A consultores:

  ➢ En este caso quien efectúa la visita, se lleva la sorpresa al encontrar que algunos de los consultores especializados ofrecidos, no son empleados regulares del consultor y solo han prestado su recuento profesional para que el consultor pueda satisfacer las exigencias en materia de talento humano.
  ➢ Las entrevistas de los profesionales ofrecidos pueden indicar que no cuentan con las competencias requeridas para los servicios requeridos, circunstancias que no es fácil identificar en el papel.
  ➢ Aunque poco frecuente, puede suceder que las instalaciones donde opera el consultor no sean las más convenientes y adecuadas; puede tratarse de un consultor de «garaje».
- A contratistas de obras civiles:
  Por ejemplo, en un contrato para la construcción de una carretera, el potencial oferente ofrece un paquete de equipos - maquinaria amarilla - que puede estar ubicado en regiones distantes y que el oferente asegura que está en perfectas condiciones y en operación, bajo una relación contractual con un tercero. Si se acepta esta condición si ninguna validación puede suceder que:

➢ El equipo puede estar abandonado sin mantenimiento preventivo y correctivo durante un buen tiempo y colocarlo en condiciones operativas, puede significar para el oferente tiempo y dinero, sin que necesariamente el equipo esté disponible en las fechas requeridas.

➢ El equipo no es propiedad del oferente y éste no tiene acuerdos contractuales que aseguren que lo tendrá disponible, cuando le adjudiquen el contrato.

➢ El equipo no es suficiente para atender los volúmenes previstos de trabajo, lo que podría afectar el cumplimiento de los plazos del futuro contrato.

➢ Los plazos del contrato bajo el cual se encuentran los equipos ofrecidos, pueden resultar en conflicto con los plazos del futuro contrato, indicando que dichos equipos puedan no estar disponibles a causa de un vínculo contractual previo.

Identificar y evitar este tipo de desviaciones en la etapa temprana del sondeo de mercado contribuye a mitigar situaciones que, de presentarse en la fase contractual, tienen implicaciones que pueden desembocar en mayores plazos, mayores costos y eventualmente en la terminación del futuro contrato por incumplimiento.

Definidas las visitas a varios o incluso a todos los potenciales oferentes, será necesario en algunos casos contar con varios equipos de trabajo para efectuarlas, si los plazos son estrechos; por eso es necesario asegurar que las distintas visitas se ajusten a rutinas o guías específicas para asegurar imparcialidad y evitar desviaciones en su desarrollo.

El siguiente mapa mental desarrolla 3 etapas, en la realización de la visita a potenciales oferentes:

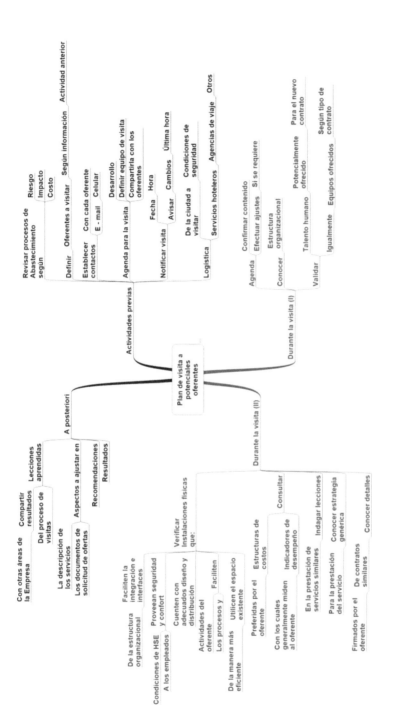

Plan de visita a potenciales oferentes

Actividades previas

Revisar procesos de Abastecimiento según
- Riesgo
- Impacto
- Costo
- Según información
- Actividad anterior

Definir Oferentes a visitar

Establecer contactos — Con cada oferente
- E - mail
- Celular

Agenda para la visita
- Desarrollo
- Definir equipo de visita
- Compartirla con los oferentes

Notificar visita
- Fecha
- Hora
- Avisar
- Cambios
- Última hora

De la ciudad a visitar — Condiciones de seguridad

Logística
- Servicios hoteleros
- Agencias de viaje
- Otros

Durante la visita (I)

Agenda
- Confirmar contenido
- Efectuar ajustes
- Si se requiere

Conocer
- Estructura organizacional

Validar
- Talento humano
- Potencialmente ofrecido
- Para el nuevo contrato

Igualmente Equipos ofrecidos
- Según tipo de contrato

A posteriori

Compartir resultados
- Con otras áreas de la Empresa
- Lecciones aprendidas
- Del proceso de visitas

Aspectos a ajustar en
- La descripción de los servicios
- Los documentos de solicitud de ofertas

Recomendaciones

Resultados

Durante la visita (II)

Verificar instalaciones físicas que:
- Faciliten la integración e interfaces — De la estructura organizacional
- Proveean seguridad y confort — Condiciones de HSE — A los empleados
- Cuenten con adecuados diseño y distribución
- Faciliten — Actividades del oferente — Los procesos y
- Utilicen el espacio existente — De la manera más eficiente

Consultar
- Estructuras de costos — Preferidas por el oferente
- Indicadores de desempeño — Con los cuales generalmente miden al oferente
- Indagar lecciones — En la prestación de servicios similares
- Conocer estrategia genérica — Para la prestación del servicio
- Conocer detalles — Firmados por el oferente — De contratos similares

37

## Nociones

Las siguientes consideraciones deberán tenerse muy en cuenta cuando se evalúa la opción de efectuar visitas a potenciales oferentes:

¿Asegurar que la información a conseguir durante la visita a un oferente busca confirmar la decisión de invitarlo a presentar oferta, con un grado prudente de seguridad?

¿Tener presente que las visitas a potenciales oferentes tienen tres limitaciones: costo, tiempo y calidad?

¿Tener claro por y para qué se requiere la información?

¿No generar confrontación entre la Empresa y sus potenciales oferentes, por el tipo de información solicitada?

¿Hacer énfasis en información esencial, únicamente?

¿Entender cómo se utilizará la información obtenida?

¿No solicitar información disponible ya en la empresa?

¿Limitarse a información que no requiera de sofisticada elaboración o preparación que involucre «Know - how» del potencial oferente?

¿Evitar información que pueda ser vista como en el límite competitivo del oferente o comercialmente sensible?

¿Entender las condiciones límite y asegurar que éstas no se crucen en el interés de las relaciones comerciales de la Empresa y sus oferentes?

¿No fijar excesivos objetivos de la visita y no recoger información «por si acaso»?

# HSE como elemento estructural en la contratación de servicios con alto riesgo en su ejecución

## Nociones

El tema tratado originalmente por el autor en su libro macro proceso de gestión de contratistas, https://www.amazon.com/dp/1983303674, se complementa en este caso al desarrollar el concepto de HSE, a lo largo de las fases de Abastecimiento.

## Antecedentes

La concepción de HSE «Salud Ocupacional, Seguridad Industrial y Medio Ambiente» por sus siglas en inglés, tiene plena vigencia ya no solo en los sectores petrolero, minero y petroquímico, caracterizados por procesos y operaciones de alto riesgo que pueden afectar negativamente a las personas, las instalaciones y el medio ambiente; sino también en otros sectores que empiezan también a reconocer la importancia de prevenir y controlar los factores de riesgo, inherentes a sus actividades directas e indirectas.

En sus comienzos en Colombia, fueron empresas como Dupont con su Safety Training Observation Program «STOP» o Intercor con su programa OIMS «Operational Integrated Management System», las que consideraron los principios de HSE como una exigencia primordial en su cultura empresarial; se orientaron a asegurar que sus empleados no solo los aplicaran en el entorno corporativo, sino que los interiorizaran en su vida cotidiana.

Posteriormente el auge petrolero trajo como consecuencia que las empresas del sector también enfatizarán la aplicación de este enfoque, reconociendo que por lo menos el 90 % de los accidentes e incidentes en HSE, les ocurren a individuos que son empleados de los contratistas.

El reto complementario que enfrentaban era asegurar que sus contratistas y proveedores, cumplieran con el mismo grado de responsabilidad y eficiencia, las mismas exigencias en materia de HSE.

En consecuencia, el objetivo de este proceso corporativo, es mejorar el desempeño en materia de HSE de la Empresa y sus contratistas en relación con las necesidades de compra y contratación de la Empresa. La participación activa y continua tanto de la Empresa como de los contratistas, es esencial para lograr este objetivo.

Si bien cada uno tiene un rol distinto que desempeñar para garantizar la seguridad continua de todos los involucrados, existe la oportunidad de mejorar aún más la relación entre la Empresa y el contratista, al definir claramente los roles y las responsabilidades; establecer expectativas y mantener la comunicación a lo largo de la relación pre y contractual.

El proceso busca:

- Mejorar la seguridad en el sitio de la obra o de los servicios y el desempeño ambiental, al ayudar a la Empresa y a los contratistas a gestionar el programa para un contrato en particular.
- Ayudar a los contratistas a administrar programas de HSE, que sean consistentes con las expectativas de la Empresa.
- Facilitar la interfaz de las actividades del contratista con las de la Empresa, otros contratistas y subcontratistas.
- El proceso debe estar diseñado para proteger tanto al personal de la Empresa como al del contratista de lesiones y enfermedades en el lugar de trabajo, así como de las pérdidas asociadas con los incidentes; a la vez que se preserva la condición de contratista independiente.

**Iniciativas particulares de carácter técnico y científico**

Surgió entonces la iniciativa del Comité de Hidrocarburos del Consejo Colombiano de Seguridad, orientada a inculcar en los contratistas el mejoramiento continuo en el área de HSE.

Buscaba optimizar la prevención y control de los factores de riesgo inherentes a la industria y a las actividades que usualmente son contratadas por las empresas operadoras en el sector petrolero.

Específicamente se pretendía que las empresas y sus trabajadores, cumplieran con sus responsabilidades legales y contractuales en materia de HSE.

Durante 1995 / 96 / 97 se efectuaron encuentros con todas las empresas de la industria, para compartir experiencias y divulgar los requisitos mínimos.

En 1998 El RUC® «Registro único de Contratistas» fue adoptado por las compañías operadoras del sector hidrocarburos, como sistema de información, referencia y consulta al cual acudir para solicitar ofertas en los procesos competitivos.

El Comité unificó en su momento, criterios al definir los requisitos mínimos que las empresas debían solicitar a los contratistas provenientes de:
• Exigencias de la legislación colombiana.
• Estándares internacionales, basados en la norma ISO 9000.
Los beneficios identificados para las compañías operadoras al momento de adoptar el registro, fueron los siguientes:
• Acceder a una base de información para fortalecer el proceso de selección de contratistas.
• Inducir a los contratistas, en un proceso de mejoramiento continuo en HSE.
• Conocer el desempeño en HSE, de cada uno de los potenciales oferentes.
• Agilizar los procesos de Abastecimiento.

**Historias relevantes, al hablar de HSE**

Los siguientes son algunos ejemplos de desastres con impactos incalculables ocurridos a pesar de la existencia de exigentes políticas de HSE, que posiblemente fueron ignoradas o aplicadas de manera deficiente:

El Desastre del Exxon Valdez fue un derrame de petróleo provocado por el petrolero Exxon Valdez tras encallar el 24 de marzo de 1989, con una carga de 11 millones de galones de crudo, en Prince William Sound, Alaska, vertiendo 37.000 toneladas de hidrocarburo.

Alaska vivió la peor tragedia ecológica de su historia al encallar el petrolero y verter crudo, que se expandió sobre más de 2.000 kilómetros de costa.

A las 00:20 horas del día 15 de marzo del 2001, hubo una explosión que culminó con el hundimiento de la para esa fecha, la mayor plataforma semi - sumergible de producción, en la prolífica cuenca de Campos en Brasil.

De los 175 trabajadores, 151 fueron evacuados. Como saldo, la trágica pérdida de 10 vidas y dos personas que resultaron seriamente heridas.

Deepwater Horizon era una plataforma petrolífera semisumergible de posicionamiento dinámico en aguas ultra-profundas, construida en el año 2001. Su propósito era perforar pozos petrolíferos en el subsuelo marino. Propiedad de Transocean, había sido arrendada a BP. Deepwater Horizon se hundió el 22 de abril de 2010 como resultado de una explosión que había tenido lugar dos días antes, provocando uno de los más importantes derrames de petróleo.

## Evolución del desempeño en HSE

En las etapas tempranas de sondeo de mercados, se solicitaba ya información sobre el desempeño en HSE de los potenciales oferentes para la construcción de un obra o prestación de un servicio; la respuesta era incipiente en la medida en que no existían indicadores de origen exógeno al potencial oferente que acreditaran con un elevado nivel de certeza, su desempeño histórico en HSE. La información provenía básicamente de entidades gubernamentales.

## Entidades certificadoras

A finales de los 90's, las empresas petroleras deciden exigir estándares mínimos de HSE a sus oferentes, certificados por entidades externas con el fin de contar con información confiable de su gestión, permitiendo en etapas tempranas conocer su desempeño en esta materia.

## Administradoras de Riesgos Profesionales

Las Administradoras de Riesgos Profesionales «ARP's», responsables por prevenir, atender y proteger a los trabajadores de los efectos causados por accidentes y enfermedades que puedan ocurrirles con ocasión o como consecuencia del trabajo que desarrollan, deben manejar estadísticas a nivel de:

- Reservas de siniestros «accidentes de trabajo o enfermedad profesional» avisados.
- Clasificación de riesgos, dada por la naturaleza de la empresa, tales como: Biológicos; por responsabilidad del empleador; debilidad en prevención; por severidad de acuerdo con la accidentalidad.
- Programas de prevención a ser ofrecidos a las empresas. Estas administradoras tienen directores integrales de servicios que hacen seguimiento a las empresas, para determinar que cumplan las condiciones mínimas de seguridad y prevención laboral

Esta información es solicitada por Ministerios y entidades de control; por lo tanto, se hace necesario que las administradoras dispongan de suficiente información al respecto.

## HSE en el contexto del abastecimiento

A continuación, se efectúa un recorrido por las principales fases del Abastecimiento, desde la planeación de las necesidades, hasta el informe final de evaluación y el cierre y liquidación del contrato.

## 1.      Planeación

El objetivo de esta fase es describir el trabajo y evaluar los riesgos de HSE asociados con la obra o el servicio. La estrategia de Abastecimiento debe seleccionarse en función de la naturaleza y el tamaño de dicha obra o servicio y el riesgo que implica.
Esta fase de planeación es generalmente una actividad de la Empresa, pero puede mejorarse mediante el uso de asesores especializados. La Empresa es responsable de describir la obra a ejecutar o el servicio a prestar.

Esta fase es fundamental en la definición de los parámetros que van a orientar el contrato.

La fase de estrategia, integra dos elementos:

- El análisis de la demanda interna que busca entender las necesidades inmediatas y futuras para la adquisición de bienes y servicios en el sector, incluyendo justificación, alineamiento con el plan de negocios, criticidad, requerimientos de especificaciones y diseño, oportunidades de estandarización, agregación y planeación de la demanda, riesgos, actividades bajo control o influencia, etc.
- El análisis del suministro externo que busca un entendimiento de las tendencias y comportamiento del mercado, incluyendo salud de la industria, competitividad, participaciones en el mercado, impacto relativo de la demanda en el mercado, modelos de prestación de servicios, riesgos y oportunidades, etc. Los enfoques anteriores permiten el mejor alineamiento entre la demanda de la Empresa y la oferta del mercado.

Es responsabilidad de la Empresa evaluar los riesgos de HSE involucrados en la ejecución del trabajo o el servicio. Esto ayudará a la Empresa y al contratista a desarrollar programas y prácticas de trabajo seguras para proteger a todos los trabajadores. El enfoque de esta evaluación debe ser ponderar los peligros inherentes a la obra o al servicio. Además, la evaluación aborda las posibles consecuencias adversas de un accidente y las posibles consecuencias de un incidente para la fuerza laboral; terceros; el medio ambiente y los activos y la reputación del contratista.

## 2.    Registro de proponentes

En esta fase se registran, califican y clasifican los potenciales oferentes que tendrían la experiencia necesaria, la capacidad y la viabilidad financiera para emprender de manera segura y respetuosa las actividades de HSE, en una determinada obra o servicio.

En el aparte del registro correspondiente a HSE, se deben solicitar las certificaciones de entidades externas calificadas y los certificados de accidentes, cuasi accidentes o enfermedades profesionales emitidos por su correspondiente Administradora de riesgos profesionales o por el Seguro Social.

La información obtenida en esta fase, permite identificar tempranamente, solo aquellos potenciales oferentes «lista larga», que cumplen con unas condiciones mínimas predeterminadas en HSE, antes de iniciar procesos formales de contratación directa; fuente única; o procesos competitivos; evitando el tener que rechazar compañías en etapas más avanzadas del proceso, en las que descartar una oferta significa una pérdida de tiempo, recursos, además de haber despertado una expectativa en un oferente que no cumple con las exigencias esperadas de desempeño en HSE.

En el caso de potenciales subcontratistas, este proceso solo podrá desarrollarse al momento de recibir las ofertas, cuando el potencial oferente nomine sus sub contratistas.

Cuando los contratistas conforman una alianza o consorcio, es de especial importancia demostrar que cada miembro comprende completamente y está comprometido con la gestión de las actividades críticas de HSE.

## 3.  Investigación de Mercado

Esta fase permite identificar proveedores potenciales dentro de un mercado determinado, estableciendo sus capacidades, disponibilidades y su trayectoria, para desarrollar una base racional que permita obtener bienes y servicios con una estrategia de contratación adecuada. El conocimiento anticipado de los elementos anteriores, constituye un ingrediente crítico para contratar servicios con el mejor valor.

## 4.  Selección

En esta fase se establece una aproximación consistente al mercado, que respalde la estrategia seleccionada y que permita agregar valor al negocio, en términos económicos, técnicos, manejo del riesgo e incremento de la eficiencia. Es aquí donde se definen las tácticas específicas tales como procesos competitivos, negociación etc.

En esta fase se evalúan las condiciones de cumplimiento de HSE de los oferentes, con base en lo definido en la etapa de planeación.

## 5.  Pautas en la solicitud y evaluación de ofertas

Como resultado de un proceso de preselección, una vez identificado un número razonable de empresas que están en capacidad de presentar ofertas porque satisfacen unas exigencias mínimas, desde el punto de vista de experiencia y desempeño en materia técnica y de HSE, se recomienda solicitar ofertas independientes en el ámbito de HSE, técnico y comercial en el desarrollo de procesos de selección de contratistas, La primera se debe sustentar, en una presentación del sistema de gestión en HSE del potencial oferente.

Un camino sensato en la evaluación de ofertas, es el siguiente:

- Calificar en primera instancia las ofertas de HSE. Esto implica que es necesario definir los términos bajo los cuales los oferentes deben presentar una oferta específica e

46

independiente de HSE. En empresas diferentes a las del sector petrolero, las exigencias en materia de HSE, están dispersas en el alcance de los servicios; no tienen una diferenciación específica.

- A continuación, calificar las ofertas técnicas, de quienes cumplieron las exigencias mínimas de HSE.
- A renglón seguido, calificar las ofertas comerciales de quienes pasaron la calificación de HSE y técnica.

De esta manera se eliminan en cada instancia, ofertas extremas que por defecto o por exceso, comprometen los resultados del proceso por una equivocada interpretación del alcance de los servicios o la descripción de la obra. Por supuesto solo una adecuada planeación permitirá contar con el tiempo suficiente para desarrollar estas actividades en línea; en caso contrario será necesario efectuarlas simultáneamente, deteriorándose el efecto positivo antes mencionado.

## Preocupaciones del orden contractual

Alrededor de las ofertas de HSE, han existido varias preocupaciones, de las cuales conviene rescatar las siguientes:

- La primera tiene que ver con la conveniencia de desarrollar anexos contractuales que establezcan las obligaciones específicas en materia de HSE. La experiencia ha demostrado que conviene disponer de varios modelos según el tipo de riesgos asociados a la contratación. No son los mismos, los riesgos que corre un consultor que presta sus servicios desde una oficina en la ciudad, que los que corre un contratista que tiene bajo su responsabilidad la construcción de una obra en terreno agreste y de difícil acceso. Incluso se ha llegado a definir un anexo por cada uno de los segmentos de HSE y si se tiene una calificación de cuatro niveles de riesgos, se estaría hablando fácilmente de 12 anexos.

- La segunda tiene que ver con la manera como se pueden remunerar los costos que se generan por HSE. La discusión ha sido, si se puede configurar un rubro de pago específico, por ejemplo «un precio unitario fijo o incluso una tarifa fija» para reconocer este costo. Definitivamente la práctica ha demostrado que no es recomendable hacerlo. Los incumplimientos en materia de HSE son difíciles de cuantificar o valorar; muchas veces tiene matices y en ese caso no es factible rechazar el pago en su totalidad; sería necesario entonces entrar a acordar en qué porcentaje se cumplió el rubro de pago, lo que complica innecesariamente el proceso de facturación. Por consiguiente, es recomendable que el contratista incluya los costos de HSE dentro de los gastos generales de administración, y así pueda recuperarlos dentro del esquema convencional de Administración Imprevistos y Utilidad, en el caso de contratos de construcción.

- La tercera se relaciona con combinar en un mismo proceso competitivo compañías que ya conocen las exigencias y requisitos del contratante en materia de HSE, porque son contratistas regulares, prestando un cierto tipo de servicio, con compañías que no lo han hecho en el pasado. La analogía que aplica es la de entrar a un cuarto oscuro en el que, de antemano se han dispuesto numerosos muebles y enseres. El contratista experimentado sabe incluso donde se encuentra el interruptor y como están dispuestos los muebles; por consiguiente, podrá moverse entre ellos con mayor solvencia. El contratista nuevo por su parte, dará palos de ciego antes de empezar a acomodarse, mientras conoce la distribución del cuarto. Su curva de aprendizaje será mayor, con las correspondientes consecuencias desfavorables.

- Por otro lado, los contratistas experimentados en HSE se quejan de que los contratistas nuevos no están en capacidad de valorar adecuadamente los costos de HSE y por esa razón tienden a presentar ofertas sensiblemente más bajas que aquellos que conocen en detalle el contenido e impacto comercial de las exigencias de HSE, afectándose la equidad que debe acompañar el proceso.

De ahí la necesidad de realizar reuniones previas a la presentación de ofertas que permitan normalizar la información que tienen los distintos oferentes sobre las exigencias de HSE y asegurar que presenten ofertas competitivas, en igualdad de condiciones.

**Plan de mejoramiento**

Una vez seleccionado el contratista, la comparación de su oferta de HSE, con las expectativas o estándares básicos de la Empresa, permite establecer la brecha de desempeño que tendrá el contratista al momento de iniciar la construcción de una obra o la prestación de los servicios.

Esta brecha es una oportunidad para configurar un plan de mejoramiento que deberá ponerse en marcha, aplicándolo incluso a aquellas actividades propias de la movilización. A lo largo de la vida del contrato deberá aplicarse un adecuado control y monitoreo del mismo. Será la carta de navegación que permita controlar y monitorear la gestión del contratista en HSE. El plan puede plantearse y acordarse con el contratista en el orden administrativo; aunque podría elevarse al orden contractual para hacerlo exigible con mayor facilidad.

## 6. Pre actividades de movilización

Los objetivos son asegurar que los aspectos relevantes de la evaluación de riesgos del contrato y cualquier otro aspecto HSE del contrato, sean comunicados y comprendidos por las Partes, antes del inicio de actividades del contrato.

Se trata de un enfoque proactivo para asegurar especialmente en los contratos que se desarrollan en campo que el contratista cumple de manera satisfactoria los requisitos y exigencias de HSE y en consecuencia, está en capacidad de movilizarse para iniciar la ejecución de la obra o la prestación de los servicios.

Durante la reunión de inicio de la obra o de los servicios, una consideración especial debe brindarse a:

- Revisar los principales riesgos asociados a los trabajos o a los servicios.
- Establecer las pautas de monitoreo y control durante la ejecución del contrato.

- Confirmar el plan de HSE que se implementará, incluida la confirmación de que los roles y las responsabilidades se han definido y comprendido.
- Confirmar las competencias y destrezas de los trabajadores; esto incluye tanto a los de la Empresa como a los del contratista, que estarán expuestos a los riesgos descritos en la descripción de los servicios o del sitio de la obra y que fueron identificados durante el proceso de evaluación de riesgos.
- Confirmar los objetivos y metas de desempeño de HSE.
- Difundir y explicar la política de HSE de la Empresa, las reglas básicas de HSE y los procedimientos de trabajo, en la medida en que el contratista se acoge y adopta el sistema de gestión de HSE de la Empresa.
- Confirmar el alcance y el cronograma de las actividades de HSE.
- Confirmar que los planes de inducción y capacitación de HSE, están en su lugar y listos para el inicio.
- Informar a los subcontratistas sobre los requisitos de HSE.
- Informar incidentes, desarrollar y poner en marcha procedimientos de investigación de accidentes.
- Utilizar la reunión de inicio como una oportunidad para aclarar o plantear potenciales dificultades en HSE que posiblemente no quedaron incorporados en el documento contractual.

## 7. Movilización

Los objetivos de esta fase son asegurar que de ser necesario el plan de HSE se ha ajustado, y se ha comunicado a todo el personal relevante, tanto de La Empresa como del contratista.

La movilización comprende el proceso de transporte del personal, el cargue, transporte y descargue de equipos y maquinaria, así como la construcción o adaptación de la infraestructura necesaria de vivienda y acomodación para el personal, equipos y maquinaria requerida, según los términos del contrato.

Durante la movilización, la Empresa y el contratista aseguran que, cada uno cuenta con un método de operación que esté de acuerdo con el plan HSE acordado. Es en esta etapa que comienza formalmente la implantación del plan HSE, por parte del contratista. La Empresa y el contratista deben confirmar que cada uno ha desplegado su personal de supervisión y está implementando la información y el entrenamiento acordados para sus empleados.

Durante la parte inicial de la fase de movilización, todo el personal clave asignado a la obra o a los servicios, debe asistir a un programa de orientación de HSE que debe utilizarse para comunicar el plan de HSE y cualquier otro aspecto significativo de HSE considerado en el contrato.

## 8. Ejecución

El objetivo de esta fase es asegurar consistentemente:

- La ejecución de las órdenes de compra y los contratos para el suministro de bienes o la prestación de servicios por parte de proveedores y contratistas de manera oportuna, costo - efectiva; de acuerdo con el plan acordado de HSE; los estándares de seguridad física, y demás controles establecidos por la Empresa.
- El entendimiento de relaciones, roles y responsabilidades que definen como trabaja la Empresa, responsable por el desarrollo, comunicación y respaldo permanente en el desempeño de contratistas y proveedores.
- Cumplimiento de HSE: Es responsabilidad del gerente del contrato el seguimiento y aseguramiento del desempeño de HSE del contratista. Para ello cuenta con el apoyo de Abastecimiento. En la fase de planeación y de pre movilización, se han definido claramente los requisitos de obligatorio cumplimiento, y de monitoreo permanente, por parte de la Empresa.

La naturaleza de la obra o de los servicios, define el nivel de supervisión necesario.

## 9.    Desmovilización

En esta fase es necesario identificar los peligros asociados con la movilización e identificar e implementar controles para minimizar el riesgo. El plan de HSE debe modificarse, si es necesario, para hacer frente a potenciales riesgos nuevos o inesperados.

El plan de HSE del contratista, continúa siendo el vehículo, para gestionar las actividades de HSE en esta fase.

La desmovilización a menudo es la fase de la obra o de los servicios que tiene una mayor probabilidad de incidentes, ya que la construcción de la obra, la prestación de los servicios y las estructuras de gestión de HSE del contratista, se están desmantelando y el talento humano se puede estar trasladando a nuevas asignaciones.

Es conveniente asegurar que las estructuras organizacionales, permanezcan intactas hasta que se hayan completado las actividades asociadas.

La Empresa y el contratista deben continuar supervisando el desempeño en relación con el plan, incluida la atención a los informes de incidentes. Es importante mantener la supervisión hasta el final del contrato. El cierre o liquidación del contrato debe realizarse después de que se hayan completado todas las actividades.

## 10.    Evaluación de desempeño

Mecanismo formal para evaluar el desempeño de los contratistas, con lo cual se mantiene información actualizada acerca de su elegibilidad para la futura prestación de servicios y se retroalimenta a los contratistas para que mejoren su desempeño.

En esta fase debe llevarse a cabo una evaluación conjunta del desempeño de HSE, tanto del contratista como de la Empresa y proporcionarse mutua retroalimentación, «contratista y Empresa», que puede ser referencia para futuros trabajos.

## 11.   Informe final de evaluación en HSE

Consiste en elaborar un informe del desempeño en HSE, proporcionando retroalimentación para el conocimiento y aprendizaje futuros.

Idealmente, debe efectuarse un seguimiento regular del desempeño a lo largo del contrato, y el informe final es la destilación del proceso de monitoreo regular y seguimiento del contrato. Se sugiere una reunión final de cierre en la cual todas las partes están representadas.

Por lo tanto, a lo largo del contrato, el desempeño del contratista debe ser monitoreado contra el plan y cualquier desviación, positiva o negativa, anotada como referencia en el informe / resumen de cierre.

Al momento del cierre del contrato se debe incluir una etapa de evaluación global de desempeño de HSE a través de la vida del contrato y esta evaluación debe quedar registrada en los formatos de HSE que acompañan cada contrato.

El análisis y resumen de las conclusiones, deben abordar:

* La calidad del plan original de HSE y su relevancia para el desempeño general del contratista, estipulando lo que se aprendió y cómo deberían estructurarse los contratos futuros.
* Los aspectos positivos del aprendizaje y cómo se pueden aplicar en el futuro. Este aprendizaje debe ser compartido con el contratista.
* La incorporación de cualquier nuevo peligro identificado en el proceso de identificación y evaluación de peligros, para futuros contratos.
* El análisis del desempeño de HSE, tanto dela Empresa como del contratista y la mejora mutua.
* La información sobre el contratista que se agregará como referencia para conformar «listas largas» de potenciales oferentes para futuros procesos de solicitud de ofertas.

## 12.    Cierre y liquidación

Esta fase pretende asegurar que todos los contratos sean cerrados oportunamente tanto contable como contractualmente, para garantizar el cumplimiento mutuo de todas las obligaciones. El contratista al suscribir este documento reconoce y acepta que la Empresa cumplió a cabalidad con las obligaciones adquiridas en el contrato.

A continuación, las fases anteriores se muestran de forma gráfica:

| | |
|---|---|
| | **Dueño del contrato** |
| | **Gerente del contrato** |
| | **Supply Chain Management** |
| | **Health, Safety, Environment** |

| Planeación | Preselección / pre calificación | Selección | Pre movilización |
|---|---|---|---|
| Dueño del proceso de contratación. Define el gerente de contrato. Define ToR Aprueba el análisis de riesgos y la documentación de HSE a ser incluida en el proceso | Asegura que el proceso esté completo. Aprueba los participantes | Conduce el proceso de selección siguiendo el procedimiento de HSE. Asiste y asegura el cumplimiento del proceso de contratación | Entrega al Gerente de Contrato toda la información relevante: Anexo H del contrato, acuerdos especiales, recomendacio nes de HSE en las etapas de precalificación y selección |
| Responsabl e del proceso de contratación. Enlace entre SCM & HSE. | Asesora en la evaluación previa y participa en la precalificación | Lidera el proceso de evaluación de ofertas y aclaración del alcance y | Revisa con HSE el plan HSE del Contratista y conduce la auditoría de pre |

| Planeación | Preselección / pre calificación | Selección | Pre movilización |
|---|---|---|---|
| Establece categoría del servicio acorde con el análisis de riesgo. Revisa requerimient os de HSE a incluir en el proceso | | términos del servicio | movilización. Asegura el cumplimiento de los requerimientos de HSE. Aprueba PACA y Plan HSE |
| Basado en el alcance del servicio asesora el análisis de riesgos y define o actualiza los requerimient os de HSE y la categoría de riesgo | Sugiere potenciales contratistas. Verifica historial en HSE. Si el servicio es catalogado de alto riesgo debe realizarse una revisión detallada de los sistemas de gestión en HSE | Define el equipo de HSE para la evaluación de propuestas, responde o aclara el alcance de HSE. Define el plan de acción o recomendacio nes antes de firmar el contrato | Revisa el Plan HSE del contratista (incluye el PACA). Acuerda con el Gerente de contrato los ajustes requeridos. Asiste a la auditoría de pre movilización |
| Asesora y define la estrategia de contratación | Conduce el proceso de precalificación . Revisa requerimiento s legales. Verifica las últimas evaluaciones en HSE y el RUC de los | Asegura que el proceso se cumpla cabalmente | Asegura el desempeño en HSE del contratista |

| Planeación | Preselección / pre calificación | Selección | Pre movilización |
|---|---|---|---|
| | potenciales contratistas | | |
| Cierre | Desmovilización | Ejecución | Movilización |
| Asegura la evaluación final del contratista. Asegura que la información de desempeño esté disponible para futuros procesos de contratación | Define contractualmente las buenas prácticas para asegurar la adecuada desmovilización del contratista, especialmente de aquellos que trabajan en campo | Provee asistencia en interpretación del alcance legal y contractual de HSE | Verifica que el plan HSE esté implementado. Asegura el cumplimiento de los requerimientos HSE |
| Asegura cumplimiento del proceso de HSE en contratación | Asegura que las personas involucradas en el contrato cuenten con las competencias requeridas y respalda al Gerente en su accionar | Asegura el cumplimiento del plan de HSE y el cierre de las medidas correctivas | Provee soporte al Gerente de Contrato para asegurar el cumplimiento de los programas de HSE |
| Lidera la evaluación final de HSE del contratista. Escribe y envía el reporte del desempeño | Organiza reunión con el grupo Asesor de HSE y el contratista para definir estrategia de desmovilización, riesgos y | Realiza inspecciones en sitio de trabajo. Lidera la evaluación periódica del contratista en HSE. Reporta la evaluación | Provee respaldo en relación con el alcance contractual y legal en HSE |

| Planeación | Preselección / pre calificación | Selección | Pre movilización |
|---|---|---|---|
| general del contratista a SCM | mitigación en todos los temas de HSE. Efectúa seguimiento | al dueño del contrato. En caso de desviaciones aplica sanciones | |
| Participa y da soporte en la evaluación final de HSE del Contratista. Da soporte a SCM y a la línea en el cumplimient o de los requerimient os de HSE | Asegura el cumplimiento de los requerimiento s de HSE para desmovilizaci ón | Provee respaldo al Gerente de Contrato para asegurar el cumplimiento de los programas de HSE | Asegura el cumplimiento del plan de HSE y el cierre de las medidas correctivas |

**Roles y responsabilidades**

**Abastecimiento**

- Asegurar las interfaces adecuadas entre el gerente del contrato, el asesor de HSE, y el contratista seleccionado a lo largo de los distintos procesos asociados a la selección de contratistas; el perfeccionamiento del contrato y sus posteriores modificaciones.
- Coordinar y participar en la reunión de aclaración de las ofertas.
- Participar y asegurar una adecuada transición de roles y responsabilidades en la reunión de pre movilización.
- Respaldar al gerente del contrato durante la ejecución del contrato; asegurar el adecuado respaldo de otras funciones de la Empresa, en caso necesario.

**Gerente del contrato**

- Identificar el perfil de riesgos de los servicios o suministros requeridos.
- Asegurar la ejecución del análisis de riesgos del servicio u obra a contratar con el apoyo de HSE.
- Asegurar que los términos del servicio, incluyen el Plan de HSE.
- Participar en la reunión de aclaración de las ofertas.
- Organizar y participar en la reunión de pre movilización y asumir su roles y responsabilidades en la gestión del contrato.
- Requerir a los contratistas, el cumplimiento de los compromisos adquiridos respecto a HSE.
- Evaluar periódicamente el desempeño en HSE y el cumplimiento de los requisitos contractuales, en coordinación con el asesor de HSE.
- Asegurar que el contratista lleve al día, el seguimiento del Plan de HSE.
- Identificar listado de actividades pendientes en HSE, al momento del cierre del contrato y asegurar su cumplimiento.
- Preparar el acta de cierre del contrato.
- Hacer la evaluación final del desempeño y cumplimiento contractual en términos de HSE del contratista.

**El asesor de HSE**

- Dar soporte en todo el proceso, al gerente del contrato.
- Respaldar y verificar la identificación del perfil de riesgos de los servicios o suministros requeridos.
- Participar en la reunión de aclaración de las ofertas. Respaldar al gerente del contrato y a Abastecimiento en la aclaración de inquietudes planteadas por los distintos oferentes.
- Participar en la reunión de pre movilización y asegurar que se cumplen todos los requisitos de HSE necesarios para la iniciación del contrato.
- Participar en las reuniones periódicas de desempeño, en las cuales identificarán las no conformidades.

- Retroalimentar a Abastecimiento sobre aquellas no conformidades, cuyas causas raíces se localizan en el proceso de selección de contratistas.
- Calificar las distintas ofertas recibidas de HSE, ya sea en procesos competitivos; de contratación directa; fuente única y prórrogas o modificación de contratos.
- Entregar la información de HSE que requieran los contratistas. Guardar la información de seguimiento en HSE del contratista.
- Hacer seguimiento al plan de HSE de los contratistas, a través de auditorías o inspecciones.
- Hacer informe trimestral de gestión para presentar a los líderes.

**Riesgos**

- **Calificación**

Regresando al entorno de las empresas contratantes, surge la inquietud de cómo ponderar el riesgo de un determinado servicio o suministro. La definición de este nivel de riesgo supone la dedicación de recursos; la segmentación de potenciales oferentes y contratistas; la mayor o menor intensidad en el seguimiento y control del desempeño, entre otras actividades. Las empresas contratantes no siempre cuentan con recursos ilimitados, que permitan un seguimiento con el mismo grado de intensidad para todo tipo de contrato.

Desde un principio, se vienen aplicando distintas matrices de riesgo que permiten calificar los servicios y suministros de acuerdo con dicho nivel de riesgo, pero no existía un enfoque que estableciera una clara diferenciación entre aquellos contratos de riesgo, a los cuales se aplican las exigencias de HSE en toda su dimensión y a cuáles no, en la medida que son contratos de riesgo mínimo.

Se requiere una manera para lograr dicha diferenciación: Identificar cuáles son aquellos servicios o suministros sobre los cuales la Empresa tiene control directo y que básicamente corresponden a servicios y suministros dentro de sus instalaciones y sobre los cuales puede establecer exigencias específicas y sobre cuáles no tiene influencia, en cuyo caso podría sugerir, pero no exigir el cumplimiento de dichas exigencias.

- **Herramienta para calificar el riesgo**

Una herramienta desarrollada por una empresa petrolera para calificar el nivel de riesgo tiene en cuenta las características del servicio, la ubicación donde se presta, la probabilidad de ocurrencia de incidentes, el impacto potencial de los mismos y el grado de control; dicha herramienta permite un acercamiento consistente para clasificar servicios críticos en los distintos sectores estratégicos de compras y contratación, ponderando distintos factores tales como: HSE; seguridad; desempeño; talento humano; contenido local; innovación tecnológica; estabilidad financiera; auditorías y reputación. Los resultados se confrontan en una matriz que establece diferenciaciones para los distintos tipos de servicios, al comparar la criticidad del servicio vs. El monto del gasto.

Se agrupan entonces en tres grandes grupos:

Grupo 1: Aplicable a servicios o suministros de alta criticidad o riesgo o con un elevado monto del gasto.
Grupo 2: Criticidad/riesgo medio o nivel medio de gasto.
Grupo 3: Baja criticidad o bajo nivel de gasto.

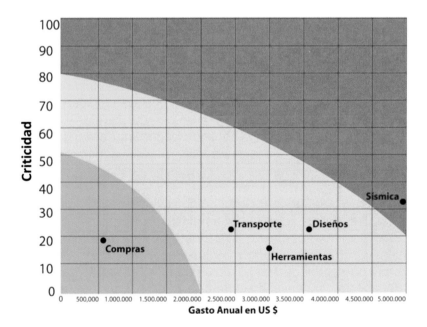

60

- **Estrategia para mitigar riesgos**

En el esquema siguiente y dependiendo de las fases en que se presenten los riesgos, se identifican acciones específicas para mitigarlos:

| 1. PREVENCIÓN | 2. IDENTIFICACIÓN | 3. MITIGACIÓN | 4. EVACUACIÓN |
|---|---|---|---|
| Recurso humano idóneo | Evaluaciones periódicas de desempeño | Manejo del cambio | Suspensión o terminación del contrato |
| Descripción de los servicios | Auditorias | Identificación de contratistas alternos / sustitutos | Indemnizaciones y / o multas |
| Registro de oferentes | Monitorias | Visualización temprana de reclamos | Lecciones aprendidas |
| Preselección de contratistas | Identificación temprana de reclamos | Adecuadas transiciones si hay cambios | |
| Identificación, entendimiento y evaluación de riesgos | Reuniones periódicas | Actualización y ajuste de procesos | |
| Diagnósticos respaldados en indicadores de desempeño | Identificación y formalización de incumplimientos y planes remediales | Negociaciones adecuadas | |
| Evaluaciones de desempeño | | | |
| Investigación de mercado | | | |
| Validaciones con contratantes de servicios similares | **Herramientas y acciones de mitigación** | | |
| Estructuras de costos | | | |
| Levantamiento de procesos | | | |
| Sinergias con el sector | | | |
| Entrenamiento | | | |

### Entrenamiento del talento humano

Es tan complejo el proceso de asegurar resultados satisfactorios de HSE en una relación contractual que uno de los ingredientes para una receta satisfactoria, es brindar el entrenamiento requerido en

61

la materia, en forma sostenida a los distintos actores según las necesidades específicas de sus roles y responsabilidades en HSE:

Los especialistas en contratación de la Empresa, sus responsables en la gestión de contratos y el personal del contratista. Por supuesto la función de HSE en ambos lados de la cerca: Contratante y contratista, es la llamada a facilitar y asegurar la gestión integral de HSE, sin que se asuma que son ellos como función, los únicos responsables; HSE es un principio de liderazgo que se vive en primera persona.

## Herramientas operativas

Durante la ejecución del contrato, una herramienta o mecanismo que ha probado ser efectivo para controlar el plan de mejoramiento; identificar fortalezas y debilidades y poner en marcha medidas de mitigación es la realización de reuniones de desempeño para efectuar revisiones, al menos trimestrales del desarrollo del contrato. Permiten hacer una revisión de lo acontecido en el período anterior, resaltando logros y dificultades; identificando áreas críticas y proyectando retos para el siguiente período. Es el entorno adecuado para revisar la gestión de HSE y sus indicadores de desempeño.

## Indicadores de desempeño

Entendidos como la variable cualitativa o cuantitativa que representa la ocurrencia de un evento y se compara con un valor potencial dentro de una tendencia histórica.

Medir permitirá:

- Mejorar el desempeño en HSE.
- Apoyar las metas de la Empresa.
- Controlar el cumplimiento de proyectos, compromisos y actividades de sus contratistas.
- Identificar necesidades y oportunidades de mejoramiento.
- Facilitar la toma de decisiones.
- Identificar el desempeño sobresaliente y las zonas de confort.
- Optimizar recursos.

- Desarrollar mejores prácticas de mercado.
- Facilitar autocontrol.

En la siguiente tabla de indican los indicadores de desempeño más utilizados, tomando como referencia un contratista que presta servicios de consolidación de servicios logísticos, en lo que se refiere a HSEQ:

| Indicador | Capacitación | Programa de inspecciones | Acciones Cerradas |
|---|---|---|---|
| Área o función | HSEQ | HSEQ | HSEQ |
| Fórmula | Total, Horas de capacitación / Total Horas Hombre Trabajadas *100 | Número de Inspecciones Ejecutadas en un periodo / Número total de acciones acordadas en un periodo * 100 | Número de acciones cerradas en un periodo / Número total de Inspecciones programadas en un periodo * 100 |
| Jerarquías | HSEQ | HSEQ | HSEQ |
| Perspectivas de interés | Gerente del contrato | Gerente del contrato | Gerente del contrato |
| Impacto corporativo | Aumentar las competencias de los trabajadores | Mejorar las condiciones de salud y seguridad de los trabajadores. Tomar medidas correctivas que disminuyan la exposición a pérdidas | Efectuar seguimiento de los procesos de trabajo establecidos en procura de un mejoramiento continuo |
| Meta % | 105 | 100 | 100 |
| Frecuencia medición | Mensual | Mensual | Mensual |
| Frecuencia seguimiento | Trimestral | Bimensual | Mensual |
| Proveedor del índice | Contratista | Contratista | Contratista |
| Fuente de información | Administración | Estadísticas HSE Tisat | Estadísticas HSE Tisat |

| Indicador | RIF | RIIF | SVAR |
|---|---|---|---|
| Área o función | HSEQ | HSEQ | HSEQ |
| Fórmula | Número de lesiones registrables en un periodo por 200.000 H.H.T / total H.H.T. | Número de lesiones registrables y enfermedades profesionales en un periodo por 200.000 H.H.T / total H.H.T. | Número de Incidentes de carretera por 1000000 Km recorridos / Total de Km recorridos en el periodo |

63

| Indicador | RIF | RIIF | SVAR |
|---|---|---|---|
| Jerarquías | HSEQ | HSEQ | HSEQ |
| Perspectivas de interés | Gerente del contrato | Gerente del contrato | Gerente del contrato |
| Impacto corporativo | Prevenir accidentes de trabajo en la ejecución de actividades propias | Prevenir accidentes de trabajo en la ejecución de actividades propias | Prevenir accidentes viales en la ejecución de actividades propias |
| Meta % | 0 | 0 | 0 |
| Frecuencia medición | Mensual | Mensual | Mensual |
| Frecuencia seguimiento | Trimestral | Mensual | Bimensual |
| Proveedor del índice | Contratista | Contratista | Contratista |
| Fuente de información | Estadísticas HSE Tisat | Estadísticas HSE Tisat | Transporte Terrestre |

| Indicador | TVAR | Derrames Contenidos | Cuasi accidentes |
|---|---|---|---|
| Área o función | HSEQ | HSEQ | HSEQ |
| Fórmula | Número de Incidentes viales registrables por 1000000 Km recorridos / Total de Km recorridos en el periodo | Cantidad | Cantidad |
| Jerarquías | HSEQ | HSEQ | HSEQ |
| Perspectivas de interés | Gerente del contrato | Gerente del contrato | Gerente del contrato |
| Impacto corporativo | Prevenir accidentes viales en la ejecución de actividades propias | Prevenir, controlar y mitigar los daños generados al medio ambiente durante la movilización de mercancías | Prevenir accidentes de trabajo en la ejecución de actividades propias |
| Meta % | 0 | 0 | 0 |
| Frecuencia medición | Mensual | Mensual | Mensual |
| Frecuencia seguimiento | Mensual | Cuando ocurra | Semanal |
| Proveedor del índice | Contratista | Contratista | Contratista |
| Fuente de información | Transporte Terrestre | Transporte Terrestre | Todas las áreas |

## Lecciones aprendidas

Por supuesto un entorno de mejoramiento continuo, supone una adecuada y oportuna identificación de lecciones aprendidas que permitan por ejemplo mejorar el alcance original de los servicios durante la ejecución del contrato; registrándolas a través de los correspondientes otrosíes, asegurando una adecuada divulgación para facilitar el aprendizaje no solo dentro de Empresa, sino también en el contratista.

## Estructura organizacional

Las compañías petroleras tienen claro que se requiere una función centralizada que fije roles y responsabilidades en materia de HSE y brinde asesoría a los clientes internos en implantación. Por su parte éstos tienen la responsabilidad de asegurar cuando se desempeñan como gerentes o administradores de contratos que sus contratistas se ajusten y pongan en prácticas las exigencias contractuales en términos de HSE.

Otras empresas que inician su largo recorrido de la ruta de HSE, suelen tener desagregadas organizacionalmente estas tres funciones y asignadas en distintos estamentos corporativos. No es fácil lograr que las ensamblen en un solo ente organizacional. Hacia allí deberían concentrar sus esfuerzos.

## Tendencias

El desarrollo de sistemas de gestión cimentados en procesos, que enfatizan el manejo de la integridad para identificar peligros, identificar amenazas y peligros, valorar riesgos y asegurar un control sistemático de peligros mayores en las operaciones, constituye una evidencia de un viraje direccional en la gestión de contratistas y proveedores.

Es necesario profundizar la evaluación de desempeño y hacer más exigentes los criterios de selección de contratistas para asegurar que sus prácticas y procesos estén alineados con los estándares corporativos y de industria.

Es imperativo propiciar comportamientos en HSE que aseguren un desempeño de excepción. Argumentos de motivación y reconocimiento son indispensables para lograr dicho desempeño. Se requiere articular mecanismos creativos que permitan efectuar reconocimientos a los contratistas y más que a éstos, a su personal, sin que necesariamente deba plasmarse en un reconocimiento monetario.

**Decisiones**

Las siguientes son las inquietudes a las que debería dar respuesta el potencial oferente o el contratista:

- **Liderazgo y compromiso.**
**Compromiso con HSE a través del liderazgo**
¿Cómo se involucra la alta gerencia, en la gestión de HSE?
¿Cómo evidencia el compromiso en todos los niveles de la organización?
¿Cómo promueve la cultura positiva hacia los temas de HSE?

- **Política y objetivos estratégicos**
**Documentos sobre política de HSE**
¿Cómo acredita la existencia de una política de HSE?
¿Quién tiene la responsabilidad final general de HSE en su organización?
¿Cuál es la persona más importante en su organización, responsable por la implantación de esta política, en las instalaciones y en el sitio de la obra o de los servicios?

- **Disponibilidad de declaraciones de política para los empleados**
¿Cuáles métodos ha articulado la empresa para diseminar la política de HSE entre sus empleados?
¿Cuáles son sus disposiciones para asesorar y orientar a sus empleados, sobre los cambios en dicha política?

- **Organización, responsabilidades, recursos, normas y documentación**
**Organización de compromiso y comunicación**
¿Cómo se involucra la alta gerencia en las actividades de HSE, el establecimiento de objetivos y el monitoreo?
¿Cómo está estructurada la empresa para administrar y comunicar HSE de manera efectiva?

¿Cómo desarrolla la empresa, las reuniones de comunicación de HSE?

- **Competencia y capacitación de gerentes, supervisores, personal sénior en el sitio de la obra o de los servicios / asesores de HSE**

  ¿Los gerentes y supervisores que supervisarán, monitorearán y llevarán cabo el desarrollo de la obra o la prestación de los servicios, han recibido entrenamiento formal para cumplir sus responsabilidades con respecto a los requisitos del HSE?

- **Competencia y entrenamiento genérico en HSE.**

  ¿Qué medidas toma su empresa para garantizar que los nuevos empleados tengan conocimiento básico de HSE y para mantener este conocimiento actualizado?

  ¿Qué medidas toma su empresa para garantizar que los nuevos empleados también tengan conocimiento de sus políticas y prácticas en HSE?

  ¿Qué medidas toma su empresa para garantizar que los nuevos empleados hayan sido entrenados y hayan recibido información sobre cualquier peligro específico que surja de la naturaleza de las actividades propias del servicio o el suministro? ¿Qué tipo de entrenamiento se suministra para garantizar que los empleados conozcan los requisitos de la empresa?

  ¿Qué medidas toma su empresa para garantizar que el personal existente esté al tanto de las actualizaciones en temas de HSE?

- **Entrenamiento especializado**

  ¿Cómo ha identificado las áreas de la operación de su compañía en las cuales se requiere capacitación especializada para enfrentar los peligros potenciales?

  Si los trabajos especializados implican riesgos radioactivos, de remoción de asbestos, químicos u otros riesgos para la salud ocupacional,
  ¿Cómo se identifican, evalúan y controlan los peligros?

- **Entrenamiento adicional, del personal calificado de HSE**
  ¿Emplea su empresa a personal que posea calificaciones de HSE que tengan como objetivo brindar capacitación en los requisitos básicos?

- **Evaluación de la idoneidad de los subcontratistas / otras empresas**
  ¿Cómo evalúa a sus subcontratistas en?:
  ¿Competencias en HSE?
  ¿Registro de HSE de los subcontratistas y de las empresas con quienes contrata?
  ¿Cómo explica los estándares que aplicará y exigirá a sus contratistas?
  ¿Cómo asegurará que se cumplan y verifiquen estos estándares?

- **Normas**
  ¿Dónde explica los estándares de rendimiento de HSE que deben cumplirse?
  ¿Cómo identifica los nuevos estándares de la industria o los reglamentos que pueden ser aplicables a sus actividades?
  ¿Existe una función responsable por producir, actualizar y difundir estándares?

- **Gestión de riesgos y sus efectos.**
  **Evaluación de peligros y sus efectos.**
  ¿Qué técnicas se utilizan en su empresa para la identificar, evaluar, controlar y mitigar peligros y efectos?

- **Exposición de la fuerza laboral**
  ¿Qué sistemas existen para monitorear la exposición de la fuerza laboral a agentes químicos o físicos?

- **Manipulación de productos químicos**
  ¿Cómo se advierte a la fuerza laboral sobre los peligros potenciales «químicos, ruido, radiación, etc.» encontrados en el curso de sus actividades?

- **Equipo de protección personal**
  ¿Qué disposiciones tiene su empresa para el suministro y preservación de la dotación y equipo de protección personal, tanto estándar como el requerido para actividades especializadas?

- **Gestión de residuos**
  ¿Qué sistemas existen para la identificar, clasificar, minimizar y gestionar residuos?

- **Drogas y alcohol**
  ¿Cuenta su organización con una política de drogas y alcohol? Si es así, ¿incluye pruebas pre empleo y aleatorias?

- **Planeación y trámites**
  **Manuales de operaciones HSE**
  ¿Tiene un manual de HSE de la compañía «o un manual de operaciones con secciones relevantes de HSE» que describa en detalle las prácticas de trabajo aprobadas por su compañía en relación con sus actividades de trabajo?
  ¿Cómo se asegura que las prácticas de trabajo y los procedimientos utilizados por sus empleados en el sitio de la obra o de los servicios, se ajusten a los objetivos y acuerdos de la política de HSE?

- **Control y mantenimiento de equipos.**
  ¿Cómo se asegura de que la planta y el equipo utilizados en sus instalaciones, en el sitio de la obra o de los servicios o en otras ubicaciones por sus empleados estén registrados, controlados y mantenidos correctamente en condiciones seguras de trabajo?

- **Gestión de la seguridad vial**
  ¿Qué arreglos tiene la Empresa para combatir incidentes en vehículos y carreteras?

- **Implementación de monitoreo de desempeño. Gestión y seguimiento del desempeño de las actividades laborales.**

¿Qué mecanismos tiene su empresa para supervisar y monitorear el desempeño?

¿Qué tipo de criterios de desempeño utiliza en su empresa?

Cómo transmite los resultados y hallazgos de esta supervisión y monitoreo a su:

¿Organización?

¿A los empleados en el sitio de la obra o de los servicios?

- **Reconocimientos por desempeño en HSE**

    ¿Ha recibido su empresa algún reconocimiento por el desempeño en HSE?

- **Casos obligatorios de notificación/sucesos peligrosos**

    ¿Su empresa ha sufrido incidentes de «seguridad, salud ocupacional y medio ambiente» con obligación legal de notificarlos, en los últimos 5 años?

- **Solicitudes de mejora y avisos de prohibición**

    ¿Su empresa ha recibido alguna solicitud de mejora o avisos de prohibición durante los últimos cinco años por parte de entidad nacional pertinente, el organismo regulador de HSE o la autoridad correspondiente, o ha sido procesada en virtud de alguna legislación de HSE, en los últimos cinco años?

- **Registros de desempeño en HSE**

    ¿Mantiene registros de incidentes y de desempeño en HSE, durante los últimos 5 años?

    ¿Cómo se registra el desempeño en salud?

    ¿Cómo se registra el desempeño ambiental?

    ¿Con qué frecuencia se registra el desempeño en HSE?

    ¿Quién es responsable por hacerlo?

- **Investigación de incidentes e informes**

    ¿Quién lleva a cabo las investigaciones de incidentes?

    ¿Cómo se comunican a sus empleados, los hallazgos posteriores a una investigación o incidente relevante?

    ¿Se reportan los aprendizajes de seguridad, resultantes de cuasi accidentes?

- **Auditoría y revisión**

  ¿Tiene una política escrita sobre la auditoría de HSE?

  ¿Cómo especifica esta política los estándares de auditoría (incluida la auditoría de actos inseguros) y las evaluaciones de los auditores?

  ¿Los planes de HSE de su empresa, incluyen cronogramas de auditoría y qué rango de auditoría está cubierto?

  ¿Cómo se verifica la efectividad de la auditoría y cómo la alta gerencia informa y hace seguimiento a las auditorías?

- **Funciones adicionales de gestión de HSE**
  **Membresías o asociaciones**

  ¿Cuál es la naturaleza y el alcance de la participación de su empresa en organizaciones gremiales, industriales o gubernamentales relevantes?

- **Características adicionales de su gestión en HSE**

  ¿Su empresa tiene otras características o tópicos de HSE, no mencionados anteriormente?

Debe establecerse una tabla de criterios de calificación que permita emitir un juicio valorativo, sobre cada uno de los elementos descritos.

# «Benchmarking» o referenciación comparativa

## Nociones

## Pecados cometidos

Respecto al tema de «benchmarking» al igual que en otros temas de Abastecimiento se cometen «pecados» por causa de omisiones, negligencias, imprevisiones que, por falta de competencias, escasa experiencia, celeridad o descuido pueden ser causantes de resultados deficientes en el proceso. Los siguientes pueden ser ejemplos dicientes de estas transgresiones voluntarias o involuntarias:

* Desconocer la oportunidad de compartir información con empresas contratando los mismos servicios o incluso con oferentes, contratistas o proveedores potenciales.
* No entender dónde se plantean las ventajas competitivas y donde los espacios de agregación y sinergia en empresas de un mismo segmento de negocio.
* No mantener la confidencialidad de la información, materia de intercambio.

## Variabilidades

Para entender el desempeño de un proceso es necesario entender que éste varía, bien sea por causas *comunes* que son variaciones naturales o esperadas en un proceso o por causas *especiales* correspondientes a variaciones no esperadas que se derivan de ocurrencias poco comunes.

Estas variaciones o mejores variabilidades hablando de «benchmarking» pueden ser similares a las siguientes:

* No comparar o solicitar alcances de servicios a otros contratantes del mismo tipo de servicios.

- No abrir espacios tempranos para discutir con potenciales oferentes estrategias de contratación, alcances, modalidades de remuneración, riesgos, etc., dentro de un esquema precontractual.
- Ignorar servicios aparentemente intrascendentes o de bajo impacto, que son susceptibles de mejora sustancial resultante de intercambio de información.
- Creer que se tiene la verdad revelada y rechazar el intercambio.
- Ser avaros o esquivos en la información que se comparte.
- No tomar ventaja de procesos tempranos para convocar a un abanico amplio de oferentes que confirme o enriquezca la información propia: Indicadores de desempeño, riesgos.

**Valor agregado**

La potencial conjunción de los pecados cometidos con las variabilidades mencionadas, colocará en riesgo la responsabilidad que debe tener Abastecimiento de «invertir» en valor agregado, cuando no es posible:

- Mejorar la calidad y grado de detalle del alcance o descripción de los servicios y de las especificaciones técnicas.
- Optimizar procesos, con base en la retroalimentación recibida del entorno.
- Dimensionar expectativas de potenciales oferentes.
- Reingeniería de las estructuras de costos.
- Trascender a esquemas globalizados, a nivel de segmentos de negocio.
- Conocer directa y profundamente el negocio, desde el punto de vista de potenciales oferentes y contratistas.
- Darle la espalda al valor agregado de la comparación.
- Identificar oportunidades de agregación de la demanda.
- Cambiar el interrogante de poder: Proveedor vs Comprador.
- Promover la integración de oferentes y contratistas con competencias complementarias, «cadena logística».
- Utilizar mecanismos tempranos para compartir información, tales como las audiencias pre pliego en la contratación administrativa.
- Retroalimentar a quienes aportaron en el proceso.

El sentido común indica que quien se involucra en el desarrollo de cualquier actividad, puede adoptar dos caminos:

- Experimentar desde cero a través de prueba o error, hasta encontrar la mejor manera de hacerla.
- Investigar quien lo viene haciendo mejor para buscar así una curva de aprendizaje más corta e iniciar el desarrollo y práctica de la actividad en un nivel más avanzado.

Cada persona en su trabajo puede estar a la caza de mejores acciones que rindan mejores resultados en un determinado contexto; tal vez de esta situación surgió el concepto de referenciación competitiva, «benchmarking», por su denominación en inglés: ¿Quién lo hace mejor en una línea de acción, disciplina o tipo de negocio?

**Visión general**

¿En qué consiste el «benchmarking»?

La referenciación comparativa es una herramienta de mejoramiento continuo para aprender de organizaciones de clase mundial.

El objetivo de la referenciación comparativa es proporcionar objetivos para el mejoramiento realista del proceso y una comprensión de los cambios necesarios para facilitar la mejora.

Mejor aún, es proporcionar a las personas en cualquier área o nivel de actividad la experiencia, el conocimiento y las herramientas para analizar sus operaciones, saber quiénes son los líderes de la industria, aprender de los mejores y obtener ventajas competitivas que permitan a las organizaciones, posicionarse junto con los mejores en la industria.

La evaluación comparativa tiene un sesgo para la acción.

Este conocimiento se aplica a los procesos existentes, lo que permite a una empresa mejorar significativamente sin tener que gastar enorme cantidad de tiempo y esfuerzo necesarios para investigar, desarrollar, probar, volver a trabajar e implantar un cambio.

Las empresas ahora pueden aprovechar lo que otros están haciendo para mejorar los procesos y las prácticas. Una empresa puede tomar un proceso o práctica que esté utilizando una de las mejores compañías de su clase, compararlo y luego determinar cómo mejorarlo.

Varias organizaciones definirían «benchmarking» como:

- El proceso de identificar, comprender y adaptar prácticas destacadas internas y de organizaciones de cualquier parte del mundo para ayudar a su Empresa a mejorar su rendimiento «Centro de Calidad y Productividad de Estados Unidos».
- Según la International benchmarking Clearinghouse «IBC» el «benchmarking» es un proceso sistemático y continuo de medida y comparación de las prácticas de una Empresa, con las prácticas de las organizaciones líderes, para obtener informaciones que puedan ayudar a mejorar el nivel de desempeño.
- Un proceso de medición sistemático y continuo: Un proceso de comparar y medir continuamente los procesos de una Empresa contra líderes empresariales en cualquier parte del mundo, para obtener información que ayudará a la organización a tomar medidas para mejorar su desempeño según «Chevron».
- En el estudio The Experience of Setting a Benchmark of NG Pipelines in South America patrocinado entre otros por: YPFB Transporte S.A.; Transportadora Brasileira Gasoduto Bolivia - Brasil S.A., TBG; Transierra; TGS; TGI Grupo Energía Bogotá; Transpetro: Gas TransBoliviano S.A. y Promigas, realizado por la firma Juran, se establece que la referenciación comparativa, ha surgido como una metodología adoptada por varias compañías para apoyar a la administración en su mejora continua y en la toma de decisiones.
- http://es.wikipedia.org/wiki/Benchmarking la define como un proceso sistemático y continuo para evaluar comparativamente los productos, servicios y procesos de

trabajo en organizaciones. Consiste en tomar comparadores o «benchmarks» a aquellos productos, servicios y procesos de trabajo que pertenezcan a organizaciones que evidencien las mejores prácticas sobre el área de interés, con el propósito de transferir el conocimiento de las mejores prácticas y su aplicación; es «copiar al mejor». La importancia del «benchmarking», no se encuentra en la detallada mecánica de la comparación, sino en el impacto que pueden tener estas comparaciones sobre los comportamientos. Se puede considerar como un proceso útil, de cara a lograr el impulso necesario para realizar mejoras y cambios.

La referenciación comparativa no es:

- Un procedimiento de una sola vez. Es un proceso continuo.
- Simplemente copiar, de la competencia.
- Espionaje.
- Rápido y fácil.
- Sólo análisis comparativo.
- La última respuesta.
- Un detallado análisis de cómo rediseñar los procesos.
- La única entrada o información.

Una vez identificada, la información recopilada se puede utilizar para fines de planificación, estrategia y propósitos estructurales, así como para determinar las brechas y cómo cerrarlas.

**La referenciación comparativa externa** proporciona un desafío, así como un nivel de seguridad para asegurar que la Empresa puede convertirse en una empresa Clase A, verdaderamente distintiva. Una compañía de Clase A se define como una compañía que logra de manera consistente, un rendimiento de clase mundial en costos de proyecto, cumplimiento de plazos y operatividad.

Existe el riego latente de caer en la copia no obstante, una empresa como TIGO viene desarrollando el concepto de «copiar con orgullo».

La filosofía popular por su parte refrenda de manera muy sencilla pero muy significativa el concepto del «benchmarking»: «no reinventar la rueda».

Muchas veces se hacen grandes esfuerzos de tiempo y dinero para tratar de desarrollar o mejorar un producto o servicio y este mismo producto o servicio ya había sido desarrollado y dado al servicio por otra organización. Es el principio del «benchmarking» o «referenciación comparativa».

En las definiciones anteriores es importante tener en cuenta elementos como:

**Proceso continuo**: Para que el «benchmarking» sea efectivo y trascienda en el tiempo debe ser continuo, es decir, desarrollado con recurrencia dentro de la Empresa y no un esfuerzo aislado.

**Orientado a obtener mayor información**: No es hacer un simple análisis de números o indicadores; es un proceso que trasciende al *qué* y profundiza en el *cómo*, las otras empresas logran un desempeño superior.

**Mejor Desempeño**: a través del análisis, la Empresa puede descubrir *dónde* debe y *cuánto* puede mejorar.

El «benchmarking» va más allá de la simple comparación; busca descubrir las causas del por qué la Empresa al compararse con otras, tiene niveles de eficiencia y efectividad diferentes y a través de este proceso aprender de los demás y no necesariamente imitar o copiar.

Con esto en mente la empresa que adopta un enfoque de «benchmarking» por lo general se fija tres objetivos primordiales:

- Comparar y evaluar su desempeño actual, teniendo como referencia el comportamiento de otras empresas.
- Descubrir y entender nuevas ideas y métodos para mejorar los procesos y prácticas empresariales.
- Identificar objetivos agresivos, que se puedan alcanzar en un período dado.

El «benchmarking» es una responsabilidad compartida entre las empresas y las asociaciones gremiales:

Las primeras asumiendo el reto de conocer y aprender sobre el tema, perdiendo el miedo a compartir y divulgar información

Las segundas como: Asociaciones de ingenieros y arquitectos; Cámara Colombiana de la Infraestructura entre otras, tienen el deber de conocer el tema; reconocer su importancia para el desarrollo competitivo del sector y atreverse a patrocinar y apoyar estudios de este tipo.

Lo más importante es perder el miedo a ser evaluados y comparados desde afuera y para ello es vital impulsar la divulgación, adhesión y aplicación estricta de un código de ética y conducta, que elimine todo riesgo de compartir información estratégica, confidencial o secretos industriales propios de cada negocio.

En algunas oportunidades surgen empresas que esgrimen excusas, como las siguientes para no hacer «benchmarking»:

1.    No hay información en la Empresa.

No participan en ejercicios de «benchmarking» cuantitativo porque sus indicadores corporativos de desempeño no están desarrollados y en particular los de logística, no se calculan de manera muy detallada.

2.    Mi empresa no necesita.

Cuando las organizaciones son líderes de mercado o tienen giros de negocio muy especializados, hacer «benchmarking» puede ser menos útil que en empresas que buscan cerrar la brecha, frente a los líderes.

3.    No se autoriza compartir información.

La preocupación por la confidencialidad está fundada. Nadie quiere convertirse en una referencia no autorizada, ni oír a terceros citar información sobre su propia empresa, a veces fuera de contexto.
Sin embargo, en los métodos modernos de «benchmarking» público, la reserva de la información está totalmente garantizada.

4.    No se sabe cómo comparar la información.

Es increíble la cantidad de veces que personas, firmas de consultoría y asociaciones, piden los resultados de «benchmarking».

5.      No hay con quién compararme.

En el fondo todos creemos que somos únicos y que las circunstancias que determinan uno u otro nivel de desempeño, son especiales.

6.      No confío en los datos de otras empresas.

Muchas de las cifras de «benchmarking», que se publican no son específicamente claras, sobre fórmulas utilizadas para el cálculo y/o validez de la información estadística recolectada. Algunas veces tampoco es clara la información sobre tamaño de la muestra, fecha de recolección de los datos o de los períodos reportados.

7.      Queremos participar, pero no tenemos indicadores.

Es muy posible que ciertas industrias o países requieran indicadores prácticos de desempeño o quieran cerrar el ejercicio de «benchmarking» a un grupo más limitado, donde se pueda realmente comparar no solo la información cuantitativa de Abastecimiento, sino los procesos y actividades detrás de los resultados.

Los siguientes pueden ser los tipos de «benchmarking»:

• Interno:

Involucra la labor de mirar dentro de la Empresa para determinar si en otras áreas, se están realizando tareas similares y para definir las mejores prácticas observadas.

Es el de más fácil realización porque no existen problemas de seguridad o confidencialidad, que deban superarse.

Es el primero que debe emprenderse, pues no es costoso y si proporciona datos detallados.

- Competitivo:

Conocido también como ingeniería en reversa requiere la investigación de productos, servicios y procesos de un competidor. La manera más común de llevarlo a cabo consiste en comprar productos y servicios de la competencia y luego analizarlos para identificar ventajas competitivas.

El examen cuidadoso de procesos, procedimientos, lecciones aprendidas puede suministrar una gran cantidad de información valiosa.

- En operaciones de clase mundial:

Amplía el proceso fuera de la empresa y su competencia directa, para involucrar industrias disímiles.

El «benchmarking» de actividades disímiles, permite descubrir procesos innovadores que ayudarán a mejorar los propios procesos.

Muchos procesos de la Empresa son genéricos por naturaleza y aplicación y pueden proporcionar percepciones significativas, a pesar de estar utilizándose en actividades no relacionadas.

- Por actividad tipo:

    Se centra en los pasos del proceso o en las actividades específicas del mismo como:

    ➢ El control de solicitudes de contratación.
    ➢ Duración de los ciclos de contratación.
    ➢ Ahorros vs. presupuesto
    ➢ Número y tipo de reclamos.
    ➢ Efectividad en pago de facturas.
    ➢ Número de contratistas calificados.
    ➢ Contratos pendientes de cierre y liquidación.

**Etapas del proceso:**

**Definir alcance del estudio «planeación»:**

La Empresa debe conocerse a sí misma: Disponer de diagramas de flujo de sus procesos, medidas de efectividad y eficiencia; interrelaciones, así como dependencia de sus procesos.

- Evaluar cuidadosamente elementos que:

  - ➢ Presentan puntos débiles.
  - ➢ Tienen un alto potencial de mejoramiento.
  - ➢ Son fuente de demora.
  - ➢ Absorben una gran parte del esfuerzo total.
  - ➢ Constituyen fuente de problemas.

**Definir indicadores de desempeño**

- Efectuada la definición, deben ser identificados los índices y analizadas las prácticas, procedimientos y políticas, utilizadas por la Empresa.
- Definir los instrumentos a utilizar para recopilar la información de las otras entidades con las cuales se efectuará la comparación: formatos, cuestionarios, etc.
- Identificar socios potenciales para el «benchmarking».
- Analizar la mejor de las operaciones internas de la Empresa.
- Compartir información sobre estas actividades paralelas.
- Recibir de los expertos internos, nominaciones de los socios potenciales y contactos claves.

**Recolectar datos**

Existen dos formas:

- Recolección de datos publicados «investigaciones realizadas» que son de dominio público, por ejemplo: libros; artículos de revistas; informes técnicos.
- Investigaciones originales «entrevistas; visitas; encuestas».

**Analizar datos**

- El éxito o el fracaso depende de la manera efectiva como el volumen de datos recolectados, se traduzca en información procesable.
- Se recolectan dos tipos de datos:

  - Cualitativos: descripciones de términos.
  - Cuantitativos: números, porcentajes, etc.

- El análisis de cada medida clave revelará que:

  - La brecha es favorable a la Empresa.
  - La brecha no es favorable.
  - La brecha sigue siendo la misma.
  - La brecha se hace más estrecha.
  - No existe brecha entre la Empresa y la organización «benchmark».
  - Cuando la brecha es desfavorable o cuando no existe brecha, puede seleccionarse la medición para un plan de acción de mejoramiento.

**Fijar objetivos y desarrollar planes de acción**

- Con cautela, se asignan prioridades a los cambios potenciales, dirigiéndolos y evaluando resultados:

  - Si son positivos, se sigue al siguiente cambio.
  - Si muestran un impacto negativo o si no se aprecia mejoramiento alguno, se elimina ese cambio y se procede al siguiente cambio.

- La forma más acertada de asignar prioridades a las actividades de cambio, es preparar un análisis sobre el impacto del cambio.
- Se prepara un diagrama de proyección del desempeño, para predecir el impacto resultante de poner en práctica los cambios prioritarios.

## Actualizar el «benchmarking»

En el mundo altamente tecnológico de hoy, los procesos claves están cambiando con gran rapidez. Un avance tecnológico sencillo podría revitalizar un proceso y hacer que un competidor desconocido, se coloque en el primer lugar de la noche a la mañana.

## ¿Quienes participan?

- La gente involucrada, generalmente brinda información importante sobre compañías desconocidas.
- Es posible eliminar potenciales excusas de la gente, al decir que no fue tenida en cuenta para aportar ideas.
- Los empleados: porque significa brindarles la oportunidad de ventilar sus propias ideas, motivándolos por su sentido de pertenencia con el «benchmarking».

## Código de conducta

Se requiere un código de conducta que describa la naturaleza del intercambio de referenciación comparativa que los participantes deben honrar. Abarcará tópicos como: Legalidad, confidencialidad y el uso de la información, entre otros.

Debe existir conciencia y convencimiento en Abastecimiento, de la necesidad de dar cumplimiento a los compromisos plasmados en el código y que tienen que ver con:

- Cumplir los acuerdos con los socios comprometidos en el esfuerzo del «benchmarking».
- Compartir los resultados y demás información que se haya obtenido.
- Proteger la información.
- Utilizar los contactos establecidos en el «benchmarking».
- No hacer referencias, sin permiso de las partes.

## Evolución del proceso de abastecimiento

El contraste entre adelantar el proceso de Abastecimiento, con o sin «benchmarking» es el siguiente:

| Sin «benchmarking». | Con «benchmarking». |
|---|---|
| Enfoque interno | Enfoque competitivo externo |
| No inventado aquí | Ideas innovadoras y en formación |
| Decisiones intuitivas | Decisiones basadas en hechos |
| Cambio evolutivo | Cambio revolucionario |
| Rezagado en procesos de abastecimiento | Líder en abastecimiento |

Las distintas etapas del proceso de referenciación comparativa, se indican el siguiente gráfico:

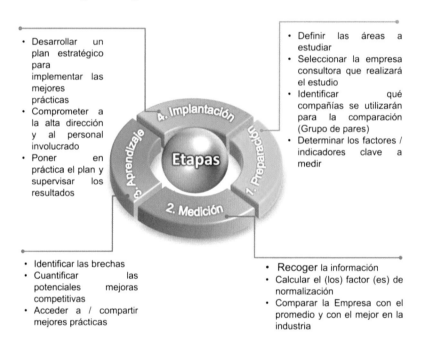

- Desarrollar un plan estratégico para implementar las mejores prácticas
- Comprometer a la alta dirección y al personal involucrado
- Poner en práctica el plan y supervisar los resultados

- Definir las áreas a estudiar
- Seleccionar la empresa consultora que realizará el estudio
- Identificar qué compañías se utilizarán para la comparación (Grupo de pares)
- Determinar los factores / indicadores clave a medir

- Identificar las brechas
- Cuantificar las potenciales mejoras competitivas
- Acceder a / compartir mejores prácticas

- Recoger la información
- Calcular el (los) factor (es) de normalización
- Comparar la Empresa con el promedio y con el mejor en la industria

**Decisiones**

¿Existe prevención en la Empresa para efectuar ejercicios de referenciación comparativa?

¿Se reconoce que existen espacios y procesos de abastecimiento en los cuales las empresas no compiten, y por el contrario pueden agregar demanda y e inclinar el péndulo hacia un mercado de compradores?

85

¿Se han efectuado acercamientos con empresas, con las cuales se podrían desarrollar procesos conjuntos de solicitud de ofertas de bienes y servicios?

¿Se evidencian y honran los compromisos de confidencialidad al momento de compartir información?

¿Se promueven ejercicios periódicos de referenciación comparativa no solo dentro del área de Abastecimiento de la Empresa, sino en otros sectores?

¿Ha realizado la Empresa ruedas o micro ruedas de negocio?

Se supone que el «benchmarking» por la Empresa:

¿Mejorará la satisfacción del cliente?

¿Definirá mejores procesos aplicables?

¿Incrementará el deseo del cambio?

¿Incrementar la efectividad, eficiencia y adaptabilidad de los procesos?

¿Establecerá objetivos alcanzables, pero dinámicos?

¿Proyectará tendencias futuras?

¿Establecerá prioridades para las actividades de mejoramiento?

¿Proporcionará una ventaja competitiva?

¿Creará una cultura de mejoramiento continuo?

¿Mejorará las relaciones y comprensión entre los socios del «benchmarking»?

El desarrollo del proceso de «benchmarking» implica:

**En la etapa de planear:**

¿Identificar qué hacer para asegurar un adecuado ejercicio de «benchmarking»?

¿Obtener el respaldo de la gerencia?

¿Definir medidas de «benchmarking»?

¿Determinar la mejor manera de reunir los datos?

¿Seleccionar las distintas ubicaciones geográficas de la Empresa, dónde se realizará el ejercicio?

¿Revisar los planes con los expertos en dichas ubicaciones geográficas?

**En la etapa de analizar y recolectar datos:**

¿Propiciar y asegurar mediante una mecánica apropiada, un adecuado intercambio de datos?
¿Realizar entrevistas telefónicas y encuestas?
¿Integrar un comité corporativo de «benchmarking»?
¿Efectuar las visitas requeridas?
¿Analizar los datos?

**En la etapa de mejorar el proceso:**

¿Establecer un plan de cambio para el proceso?
¿Valorar riesgo, impacto, y dificultad para para escalonar los cambios requeridos, e implantar en lo posible un solo a la vez?
¿Presentar informes progresivos?

# Buenas prácticas

## Nociones

Con buena intención, pero con poco tino, en una búsqueda incesante cual vellocino de oro, presidentes, gerentes generales y alta gerencia exigen a los responsables de la gestión de Abastecimiento, la aplicación de prácticas de clase mundial, desconociendo que muchas veces solo se cuenta con prácticas parroquiales que requieren de un salto apreciable para llegar a buenas prácticas, cuyas fronteras escasamente se llegan a tocar.

Por buenas prácticas, se entiende la «acción o conjunto de acciones que, fruto de la identificación de una necesidad, son sistemáticas, eficaces, eficientes, sostenibles, flexibles y buscan satisfacer las necesidades y expectativas de los negocios, permitiendo una mejora evidente en los estándares, trabajando siempre de acuerdo con los criterios éticos, técnicos y alineados con la misión, visión y valores corporativos», según http://www.feaps.org/que-hacemos/organizacion/calidad/buenas-practicas.html.

Cuando de poner en marcha buenas prácticas en Abastecimiento se trata, se desconoce que pueden existir buenas prácticas internas o que la Empresa se encierra o hace caso omiso de la oportunidad de aproximarse metódicamente a empresas del sector, o incluso a sectores no afines, desperdiciando la oportunidad de descubrir buenas prácticas.

En el entorno actual, hacer lo mismo siempre, ya no es aceptable; se seguirán obteniendo los mismos resultados. Por ello, en lugar de limitarse a identificar mejoras, será necesario aceptar la necesidad de adoptar y transformar filosofías, conceptos, métodos, procesos y procedimientos para que la función de Abastecimiento sea cada vez mejor.

El sentido común indica que quien se involucra en el desarrollo de cualquier actividad puede adoptar dos caminos: experimentar desde cero a través de prueba o error, hasta encontrar la mejor manera de hacerla, o investigar quien lo viene haciendo mejor, para buscar así una curva de aprendizaje más corta e iniciar el desarrollo y práctica de la actividad en un nivel más avanzado.

Cada persona en su trabajo puede estar a la caza de mejores acciones, que rindan mejores resultados en un determinado contexto; tal vez de esta situación, surgió el concepto de referenciación comparativa «benchmarking» por su denominación en inglés: ¿Quién lo hace mejor en una línea de acción o disciplina?

Los ejercicios de referenciación competitiva, son excelentes ambientes para compartir buenas prácticas.

Existen algunas prácticas que las empresas líderes vienen articulando a través del tiempo hasta el día de hoy. Algunas de ellas se advierten sencillas, directas y cercanas; otras podrían ser nuevas. La manera de analizarlas, determinar sus ventajas y desventajas y la posibilidad de implantarlas, dependerá de la Empresa para asegurar que se tenga una base sólida para la excelencia en la cadena de Abastecimiento.

Una buena práctica riñe con la respuesta que con frecuencia se escucha cuando en una empresa, se le pregunta a un empleado: ¿Por qué hace las cosas de una determinada manera?

Su respuesta con frecuencia es: **SLHHA**; porque **S**iempre **L**o **H**e **H**echo **A**sí. Cuando se le contra pregunta si hay otra manera de hacerlo; muy seguramente contestará que sí, pero dentro de su nivel de confort, no se atreve a hacer las cosas de manera diferente, por el temor a equivocarse o por temor a contrariar a sus jefes.

Las buenas prácticas son un lugar común en el lenguaje corporativo; aún más se habla de mejores prácticas y no pocas veces de prácticas de clase mundial. Se espera la pócima mágica, el catálogo, el manual, la lista de lavandería que indique cuáles son las mejores prácticas que permitirán salvar las brechas y solventar las debilidades en los procesos de abastecimiento. No es tan sencillo.

Existe el riego latente de caer en la copia; no obstante, una empresa como TIGO viene desarrollando el concepto de «copiar con orgullo». En su momento el autor no guardó la referencia al contexto en que se formuló la observación anterior, y la búsqueda posterior en Internet, no arrojó ningún resultado.

No obstante encontró un artículo https://www.eltiempo.com/archivo/documento/MAM-974092 titulado «En el año de su centenario, Ford adopta un nuevo lema: copiar con orgullo», el cual hace referencia al ejecutivo de la empresa Phil Martens, quien incapaz de conciliar el sueño después de un largo viaje, se sentó en la habitación de su hotel en febrero de 2002 y comenzó a dibujar un bosquejo para hacer más eficiente la producción de la automotriz.

El diagrama que Martens esbozó era un plan para cambiar el proceso de ingeniería automotriz de Ford. Martens esperaba que Ford fuera tan rentable como su filial japonesa, Mazda Motor Corp. que, como otros en la industria, lanzaba un nuevo modelo al mercado en menos de dos años. En ese momento, le tomaba a Ford, casi tres años lanzar un auto nuevo. La estrategia fue compartir entre las dos compañías diseños y tecnología para vehículos similares. Martens observaba: «copiar con orgullo», decía. «Ese es nuestro lema».

La filosofía popular por su lado, refrenda de manera muy sencilla pero muy significativa el concepto de la mejor práctica; «no reinventar la rueda».

Sorprende que en temas de Abastecimiento algunas empresas han venido haciendo algunas cosas muy bien; las han asimilado en su quehacer cotidiano, sin ser conscientes que allí tienen una buena o mejor práctica.

| | |
|---|---|
| Un auto examen es una manera de reconocer esas buenas prácticas propias. Pero con frecuencia buenas prácticas probadas desde hace mucho tiempo, se esfuman porque no se practica la gestión del conocimiento; los expertos abandonan la empresa y se llevan el conocimiento porque en su momento no se levantó un proceso o se generó un entrenamiento. |  |

## Buenas prácticas transversales a la función de Abastecimiento

### Asegurar correctamente la experiencia y conocimiento del personal de Abastecimiento

Según Korn/ Ferry International en su libro «FYI. For your improvement», se entiende por competencias las características mensurables de una persona que están relacionadas con el éxito laboral. Una competencia puede ser de comportamiento, una habilidad técnica, un atributo «como la inteligencia» o una actitud como el optimismo.

Gestión Humana y Abastecimiento deben confrontar conjuntamente las descripciones de cargo con las competencias de cada incumbente y establecer así las brechas que éste tenga para definir los mapas de conocimiento requeridos, no solo en la selección de proveedores y contratistas sino también en la gestión de contratos; dichos mapas deberán traducirse en programas de entrenamiento a ser desarrollados en lo posible, con el talento disponible dentro de la misma Empresa y en el caso de entrenamientos puntuales y específicos, acudiendo a universidades con programas de educación continuada o a asesores que estén en capacidad de diseñar rápidamente programas para salvar dichas brechas, conociendo de cerca la realidad de la Empresa, en cuanto al talento y conocimiento de su recurso humano se refiere.

Se requiere contar con funcionarios altamente calificados, capaces de resolver situaciones de manera original que permitan que los procesos fluyan con el menor número posible de variabilidades, como si no existieran obstáculos; sin esperar que sus jefes les digan cómo hacerlo; que incrementen sus habilidades y destrezas para ejecutar sus tareas y procesos. Personas con pensamiento estratégico, y enfocadas en crear valor para la Empresa.

**Hacer uso efectivo de la tecnología**

En materia de tecnología a utilizar en Abastecimiento, pueden darse dos situaciones extremas:

- Por exigencias corporativas, los colaboradores solo pueden utilizar las plataformas y aplicaciones definidas por la Empresa, política razonable que pretende normalizar y estandarizar dichas herramientas y asegurar su uso racional; buscando además minimizar riesgos en el manejo de la información, relacionados con la fuga de información confidencial, principalmente. Esta estricta exigencia impide lograr soluciones rápidas para manejar, por ejemplo, el Plan Anual de Compras y Contratación «PACC» que, si bien se contempla en algunas ERP's, éstas no lo hacen con la cobertura y penetración requeridas.
- En otras empresas, incluso multinacionales de reconocido prestigio, los funcionarios de Abastecimiento, de manera espontánea y creativa por cierto, van desarrollando sus propias herramientas colaborativas que brindan posibilidades y soluciones a necesidades específicas y puntuales pero que en su creación responden a distintos requerimientos y adolecen de limitaciones impuestas por diferentes factores como el contexto del uso, el entorno, el aprendizaje y experiencia, la cultura de Abastecimiento e incluso la ideología del funcionario.

- La sorpresa sobreviene de repente; cuando luego de efectuar un levantamiento de información de herramientas y procesos asociados se identifican las numerosas aplicaciones que coexisten de manera independiente, sin ninguna relación entre ellas y con una compleja dificultad para lograr sus interfaces por no haber contado previamente con un diagnóstico, en el cual los empleados hubieran planteado de manera temprana sus necesidades estratégicas, por fuera del alcance de las herramientas convencionales en uso.
- Solo en ese momento se inicia un proceso para establecer, mejorar u optimizar las interfaces entre sistemas utilizados por distintos empleados e incluso consultores y contratistas, asociados a la gestión de Abastecimiento.
- La secuencia lógica debería ser revisar los procesos, para identificar las mejoras requeridas y sólo entonces, seleccionar la tecnología que mejor satisfaga esas necesidades.

**Establecer los pilares de la gestión de riesgos**

Abastecimiento debe estructurar un sistema de pilares, destinado a cumplir su misión de recibir y soportar las «cargas» provenientes de los riesgos, para mitigar su impacto al asumirlos directamente o trasladarlos.

Ese entramado de pilares, puede ser el siguiente:

- **Primer pilar. Identificar el riesgo:** Es el proceso de identificación y listado de riesgos; el proceso puede desarrollarse de distintas maneras. Se trata de establecer un registro de riesgos. Este documento se convierte en una base de datos para la acción de Abastecimiento.
- **Segundo pilar. Evaluar el riesgo:** Este es el proceso de asignar «manejabilidad/ docilidad» y puntajes a los riesgos identificados. «Esta manejabilidad / docilidad» de un riesgo es función de la habilidad del equipo de Abastecimiento o de un contratista o proveedor para gestionarlo. Un riesgo con baja «manejabilidad/ docilidad» significa que quien debe gestionar el riesgo, no puede manejarlo fácilmente. El riesgo es el efecto o severidad del impacto que un riesgo podría tener en una compra o en una contratación, multiplicado por la probabilidad de ocurrencia.

94

- **Tercer pilar. Planear la respuesta al riesgo:** Es el proceso de decidir quién, qué y cuándo debe hacerse algo acerca de los riesgos. El rango de respuestas puede cubrir un amplio espectro desde cancelar el proceso de compras o contratación, hasta no hacer nada.
- **Cuarto pilar. Acción:** Es el proceso de poner en marcha, las medidas de respuesta al riesgo.
- **Quinto pilar. Mejorar continuamente.** Es el proceso de asegurar que las medidas tomadas han sido efectivas. Intenta asegurar que la compra o contratación, se pueda visualizar así misma, tanto desde un enfoque de arriba hacia abajo, como de abajo hacia arriba. Permite preguntarse también: Si Abastecimiento está haciendo las cosas correctas, tanto como si está haciendo las cosas bien.

Abastecimiento tiene la responsabilidad de desarrollar una conciencia acerca de la identificación y gestión de riesgos, cuando analiza las distintas necesidades de compras y contratación de la Empresa. Tanto su personal como los clientes internos, deben recibir entrenamiento y capacitación en gestión de riesgos.

Conviene establecer dos entornos, en los cuales se deben sensibilizar distintos escenarios de riesgos:

- El primero correspondiente a la función de Abastecimiento, como tal. ¿Cuáles riesgos asume ésta en el desempeño de sus roles y responsabilidades? ¿Cuáles riesgos pueden surgir, cuando Abastecimiento define una estrategia para contratar un servicio o adquirir un bien?
- El segundo tiene que ver con ¿cuáles son los riesgos que pueden surgir en la relación contractual con un proveedor o contratista? ¿Cuáles son los posibles riesgos durante la prestación de los servicios o la ejecución de la orden de compra?

El éxito en este segundo caso, estriba en efectuar una adecuada asignación de riesgos entre Empresa y el contratista o proveedor que permita una mejor ponderación de costos y una menor cantidad de reclamos. Le corresponde al gerente del contrato, desarrollar la habilidad para identificar de manera temprana, cuándo un contratista o proveedor enfrenta un riesgo que compromete el servicio o suministro.

Lidiar con los riesgos propios de la cadena de Abastecimiento contribuye a minimizar las variabilidades en la continuidad del negocio; así mismo se protege la reputación de la Empresa. Se garantiza además que proveedores y contratistas dispongan de programas efectivos de cumplimiento y sistemas robustos de gestión de riesgos, mejorando además la confianza y eficiencia de la cadena de Abastecimiento, lo que agrega valor al negocio.

**Apropiarse del costo total evaluado o costo total de propiedad**

Es un lugar común de los grandes consultores, cerrar sus estudios al considerar un proceso de compra o contratación, recomendando la aplicación del costo total de propiedad. El concepto de plena validez en el campo académico reviste particulares dificultades, cuando se quiere llevarlo a la práctica.

Su primer componente relacionado con los costos directos o «moneda dura» no reviste complicaciones y es el resultado de las ofertas recibidas de un grupo de potenciales oferentes. Luego de la validación de las exigencias y requisitos jurídicos jurídicas; de la subsiguiente evaluación técnica y finalmente de la evaluación económica, se puede determinar claramente cuál es la oferta ganadora.

Pero cuando se habla de los costos indirectos o «moneda blanda», correspondientes a costos de: disponibilidad y desempeño; operación y mantenimiento; disponibilidad de repuestos e inventario requerido; tiempo de entrega del equipo; disposición final, entre otros; su cálculo es difícil y requiere información de varias fuentes: datos, estimativos, opiniones o conceptos que no siempre están disponibles en la Empresa o no cuentan con el detalle y penetración requeridos para hacer adecuadas proyecciones durante la vida útil del equipo. Solo empresas con adecuados registros históricos, están en capacidad de determinar estos costos y solo cuando se trata del mismo tipo de equipos. Apoyarse en los costos de los fabricantes, puede no ser la mejor práctica; además de no contar con elementos y criterios para verificarlos.

Lo anterior tratándose de equipos; en el caso de servicios es un riesgo, hablar de costo total evaluado.

No se entienda lo anterior como una objeción a la metodología, sino como la reflexión sobre la necesidad y conveniencia de hacer una aproximación pausada y cuidadosa en su aplicación. El desarrollo de pilotos, será una buena medida para la implantación gradual en la Empresa.

**Tener una cadena de abastecimiento responsable y sostenible**

Las Naciones Unidas en el pacto mundial de la ONU, 2010 establecieron que el objetivo de una cadena de abastecimiento responsable «es crear, proteger y cultivar el medio ambiente a largo plazo, así como el valor social y económico para todas las partes interesadas que participan en llevar bienes y servicios al mercado».

Una empresa socialmente responsable debe gestionar no solo los impactos de su operación, sino todos los riesgos de la cadena de abastecimiento, y adicionalmente prever los efectos de sus bienes y servicios. Esto añade valor a dichos bienes o servicios, mejora la imagen corporativa, crea confianza en el relacionamiento con proveedores y contratistas y asegura de manera cierta que, la Empresa actúa bajo un modelo ético de gobierno.

A nivel social una cadena de abastecimiento sostenible, debe garantizar que la gente involucrada en la red de extendida de suministro, no esté trabajando en condiciones de esclavitud o labor forzada; que los salarios sean justos y se ajusten a las normas y exigencias gubernamentales.

A nivel económico, una cadena de abastecimiento sostenible, debe garantizar que todos los actores involucrados cuenten con la capacidad financiera, para continuar con los flujos del negocio e identificar y minimizar el riesgo de cualquier interrupción.

Por último, el componente ambiental de la sostenibilidad, se centra en la eficiencia de los procesos con el fin de racionalizar los recursos necesarios para la operación de la cadena de Abastecimiento y de la red asociada de actores. Objetivos a considerar deben ser: lograr un menor consumo energético; asegurar el adecuado transporte de materias primas y controlar las emisiones que éste genera; racionalizar el uso de recursos como el agua y utilizar materiales y sustancias responsables con el medio ambiente y las comunidades que intervienen en la cadena de Abastecimiento.

Será imprescindible disponer de políticas de Abastecimiento y códigos de ética y conflictos de intereses que busquen garantizar la integridad, transparencia e igualdad de trato a los proveedores.

## Buenas prácticas en el macro proceso de selección de contratistas

Las buenas prácticas que aquí se describen, constituyen un detalle no exhaustivo y son el resultado de contrastar durante muchísimos años, políticas, procesos y procedimientos en el sector energía en los segmentos de minería, petróleo, transmisión de energía y transporte de gas, en sus fases de proyectos, exploración y producción.

Cada segmento, ha ido generando sus propias prácticas como resultado de sus experiencias positivas y especialmente negativas que requirieron de medidas de mitigación, que dieron origen muy posiblemente a prácticas mejoradas.

El intercambio con profesionales de distintas especialidades; el intento de madurar y adaptar prácticas foráneas a las culturas corporativas locales y al entorno profesional y el retar comportamientos que por mucho tiempo se han aceptado como verdad revelada, se ven reflejados en muchas de estas buenas prácticas.

Enunciadas algunas de ellas, se observa que responden a la aplicación del sentido común y a desarrollar una actitud de prevención y anticipación, ante circunstancias inesperadas.

Las prácticas siguientes corresponden al gran macro proceso de selección de contratistas:

# 1. Sistema de gestión de información de proveedores «registro»

Se requiere disponer de acceso o contar con un sistema tercerizado de inscripción, calificación, clasificación y evaluación de proveedores que permita:

- Como buena práctica, la conveniencia de deshacerse de los registros directos de proveedores y migrar a registros de terceros; de esta manera es posible liberar y redirigir los recursos comprometidos a gestionar la información directa resultante de las evaluaciones de desempeño de contratistas y proveedores, realizadas por los gerentes o supervisores de contratos. Esta información es cosecha propia a diferencia de la de los registros que recaban información de terceros contratantes. Se espera que los nuevos registros estén profundizando, en la manera como proveedores y contratistas se estén desempeñando en los campos de responsabilidad social, sostenibilidad y compras verdes
- Alinear el sistema así tercerizado, con las necesidades de la Empresa.
- Autorizar la inscripción solo de aquellos potenciales oferentes para quienes se advierte, la posibilidad de una relación comercial en el periodo anual siguiente.
- Recomendar al potencial oferente «cuando esa posibilidad cercana no existe», estar pendiente para acercarse al final del año y validar posibilidades en el ejercicio siguiente.
- Calificar y clasificar a los proveedores y contratistas inscritos.
- Compartir los resultados con los potenciales oferentes.
- Desarrollar modelos de inscripción con mayor o menor detalle, dependiendo del riego, impacto y valor del servicio / suministro y del contratista o proveedor, validando además si contratistas, proveedores y sus funcionarios aparecen registrados en listas OFAC (Clinton) y ONU.
- Anticipar la solicitud y análisis de información, de tal manera que se alivie la información a analizar al momento de recibir las ofertas.
- Conformar listas «largas» de potenciales oferentes para realizar los sondeos de mercados.

- Conocer debilidades sectoriales de proveedores y contratistas y así identificar programas de mejoramiento.

2. **Incluir el desempeño de proveedores y contratistas, en el sistema de gestión de información de proveedores**

Se debe calificar el desempeño del contratista / proveedor durante la prestación de los servicios o durante el suministro y al finalizar el contrato o la orden de compra, como una responsabilidad del gerente o supervisor. Esta información permitirá confirmar la posibilidad de ser invitados a nuevos procesos.

3. **Planeación del abastecimiento**

Consiste en acercarse a los clientes internos por medio de reuniones para conocer sus necesidades en términos de compras y contratación, preferiblemente en el último trimestre del año y realizar este proceso conjuntamente con la elaboración del presupuesto que es responsabilidad del área financiera.

- El Plan Anual de Compras y Contratación «PACC» debe socializarse en la Empresa, por medio de reuniones para enseñar la forma de desarrollarlo y compartir sus funcionalidades.
- Para cuantificar la demanda interna es necesario disponer de una herramienta informática colaborativa para elaborar y consolidar el PACC, ajustada a las necesidades de la Empresa, asegurando que las distintas filiales utilicen la herramienta para proyectar sus necesidades de Abastecimiento; hacer seguimiento y acompañar a cada uno de los encargados de abastecimiento para facilitar el cargue e incluir en el PACC, aquellas necesidades de bienes y servicios que van más allá del año en curso, abriendo la posibilidad de proyectar el PACC a mediano plazo e incluir en él, las necesidades de reposición del inventario.
- Elaborar y desarrollar un plan de acción y un cronograma con los bienes y servicios requeridos durante el período siguiente, utilizando una herramienta que integre la elaboración del presupuesto «responsabilidad del área financiera» con el PACC «responsabilidad de la función de Abastecimiento (Compras y

Contratación)» para validar y distribuir el talento humano requerido; identificando sinergias sectoriales y posibilidades de agregar demanda.

- Definir indicadores de desempeño asociados al desempeño del PACC: Monto de ahorros en dos perfiles, capex y opex y cobertura del PACC, en términos de número de procesos y presupuesto asignado.
- Elaborar modelo de posición del abastecimiento para clasificar las necesidades de abastecimiento en artículos restrictivos, rutinarios, críticos y relevantes, generándolo separadamente para cada área de la Empresa.
- Identificar procesos de suministro y abastecimiento que por su impacto requieren una estrategia particular, contando con un procedimiento para el desarrollo de estrategias de abastecimiento, con énfasis en artículos críticos y en oportunidades de democratización para elaborar estrategias y acompañar a los clientes internos.
- Confrontar las estrategias en marcha versus la recomendación/concepción original.

## 4. Manual de contratación

Como principio es necesario lograr y mantener una sinergia provechosa y eficiente entre Abastecimiento y la función Jurídica o legal.

La visión común a las dos áreas, es sin lugar a ninguna duda, acordar un paquete de normas, procedimientos, documentos de solicitud de ofertas y de modelos o minutas de contratos que deben satisfacer las expectativas de la empresa contratante y las de sus proveedores y contratistas.

No obstante, entendida esta comunión de objetivos, es curioso observar que lograr un trabajo conjunto entre las dos áreas, no siempre es fácil. Muy posiblemente porque se enfrentan dos concepciones diferentes:

- La del área legal que, como guardián de la heredad, tiene muy claro que su responsabilidad es asegurar unos modelos contractuales que minimicen los reclamos y permitan que los contratos que respaldan la prestación de servicios «intangibles» y las órdenes de compras que cubren el suministro de bienes «tangibles» se cumplan sin contratiempos.

- Por su parte, la del área de Abastecimiento, como intérprete de sus clientes internos, es propender por el cumplimiento de los alcances de los servicios y de las especificaciones técnicas en términos de calidad, costo, plazo y, HSE.

El riego en el caso del manual de contratación es que éste se articule exclusivamente con una visión jurídica, dejando de lado los aspectos operativos del abastecimiento y haciendo más difícil su aplicación.

En consecuencia, la buena práctica debe:

- Lograr un sano equilibrio entre las exigencias jurídicas «que por supuesto no deben desconocerse porque protegen al ente contratante» y el desarrollo ágil y transparente del proceso de selección de contratistas y proveedores.
- Acercar a los clientes internos de manera sencilla a una herramienta de indudable importancia en el desarrollo de los procesos de abastecimiento.
- En otras palabras, debe ser el producto de un trabajo conjunto entre las dos funciones mencionadas.

El manual debe ser una guía que defina responsabilidades, fije los métodos a los cuales debe recurrirse a título oneroso para las actividades de aprovisionamiento de bienes o servicios para el desarrollo de las funciones de la Empresa y primordialmente establezca la normas que deben seguir los acuerdos de voluntades que ésta en desarrollo de su objeto social, en su calidad de Contratante.

Dicho manual será conocido y aplicado por todos los colaboradores de la Empresa.

Los mapas mentales siguientes esbozan el posible contenido de una manual de contratación, independientemente de que se trate de una empresa privada o pública.

Críticos
Restrictivos
Relevantes
Rutinarios

Modelo de posición del suministro: Artículos

Plan Anual de Compras y Contratación "PACC"

Combinación de los anteriores
Libros abiertos
Costos reembolsables
Suma global fija
Precios unitarios fijos

Modalidades de remuneración

Componentes de un manual de contratación (1)

Marco legal que regula el proceso de Abastecimiento

Organización del abastecimiento en la Empresa

Unidades y personas y involucradas en el proceso de abastecimiento

Competencias de las personas involucradas en el proceso de abastecimiento

Principios básicos del abastecimiento

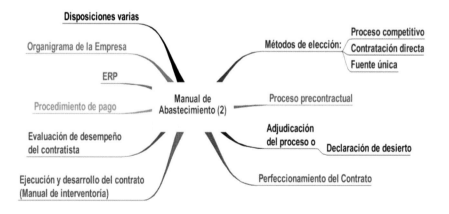

Disposiciones varias

Organigrama de la Empresa

ERP

Procedimiento de pago

Evaluación de desempeño del contratista

Ejecución y desarrollo del contrato (Manual de interventoría)

Manual de Abastecimiento (2)

Métodos de elección:
Proceso competitivo
Contratación directa
Fuente única

Proceso precontractual

Adjudicación del proceso o
Declaración de desierto

Perfeccionamiento del Contrato

## 5.     Investigación de mercado

Consultar el mercado a manera de una solicitud de información «RFI», cuando se ha configurado una necesidad.

- En el caso de solicitud privada de ofertas, se inicia a partir de una "lista larga» de potenciales oferentes, buscando identificar un grupo homogéneo de compañías que están en capacidad de presentar ofertas costo - eficientes. Para la solicitud pública de ofertas, buscar que las mejores compañías participen en el proceso contando con un enfoque metodológico que asegure una aproximación uniforme al mercado e identificar tempranamente una lista larga de potenciales oferentes, comparando bajo el mismo patrón las respuestas recibidas al sondeo.
- Aprovechar la inclinación natural de los potenciales oferentes de intentar convencer sobre sus competencias e idoneidad, para solicitarles información sobre:

  ➢ Observaciones sobre el alcance preliminar de los servicios solicitados.
  ➢ Excepciones identificadas al proceso de selección.
  ➢ Tipos de reportes/informes que regularmente presentan.
  ➢ Utilizar la información recibida para asegurar un mejor proceso de solicitud de ofertas.
  ➢ Dejar abierta la posibilidad de efectuar visitas a algunos de los potenciales oferentes, para validar por ejemplo cuando ofrecen equipos para construcción de obras civiles o cuando se nomina talento humano profesional, en un contrato de consultoría.
  ➢ Indicadores de desempeño, más frecuentemente utilizados.

## 6.     Alcance o descripción de los servicios

Enriquecer el alcance de los servicios, en una etapa temprana antes de proceder a solicitar ofertas:

- Convocando potenciales oferentes a una reunión comunitaria, para revisar en detalle el alcance de los servicios.

- Incorporando las observaciones y comentarios aceptados para mejorar el alcance de los servicios, buscando recibir mejores ofertas técnicas y económicas.
- Así, el alcance de los servicios, es el punto de partida para asegurar un adecuado proceso de contratación.
- Esta es una de las fortalezas o destrezas que deben desarrollarse con mayor énfasis en los clientes internos. Recibir mejores ofertas técnicas y económicas, responde al mejor entendimiento del alcance por parte de los potenciales oferentes.

**Elementos comunes**:

Podría decirse que si no la totalidad, si la mayoría de los elementos siguientes, deberían incluirse en la descripción de un servicio:

- **Que no incluye**: descripción de aquellos rubros excluidos que normalmente estarían incluidos en un trabajo de la misma naturaleza. Igualmente deben especificarse claramente cuáles son las responsabilidades del contratista y de la Empresa.
- **Levantamiento de procesos**: el contratista efectuará un levantamiento de los procesos y subprocesos básicos en el desarrollo del contrato. Estos deberán revisarse semestralmente o antes, si un cambio de fondo lo amerita.
- **Transferencia de conocimiento**: el contratista promoverá a su costo seminarios/talleres, a dictarse por personal especializado en los servicios. Las Partes definirán de común acuerdo el temario de dichos seminarios y coordinarán su desarrollo. Su objetivo es contribuir al fortalecimiento de las competencias técnicas y profesionales del personal del contratista y de la Empresa involucrado en la prestación de los servicios. La frecuencia será acordada por las Partes.
- **Informes:** el contratista presentará los informes en los modelos / formatos previamente acordados.
- **Empalme:** en caso de terminación del contrato o de cambio del contratista. En caso de terminación anticipada o, vencido el plazo contractual, el contratista suministrará toda la información sobre documentación y operaciones en proceso al nuevo contratista, con el fin de no impactar la prestación de los servicios.
- **Indicadores de gestión**: Entendidos como la variable cualitativa o cuantitativa que representa la ocurrencia de un

evento, y se compara con un valor potencial dentro de una tendencia histórica.

- **Balances anuales**: para contratos a mediano plazo «3 años o más», cada año, en fecha acordada con la Empresa, el contratista presentará un corte de los pagos y transacciones realizados en el año inmediatamente anterior, con el fin de aclarar inconsistencias y anticipar soluciones complicadas de aplicar, si se espera el cierre final del contrato.
- **Acuerdos de servicios con clientes internos**: el contratista participará en la elaboración de los acuerdos de servicios suscritos por el gerente del contrato con sus clientes internos. Entiéndase como «acuerdo de servicios con clientes internos» el compromiso formal negociado entre la gerencia del contrato y sus clientes internos, para establecer de mutuo acuerdo el alcance, las condiciones, restricciones y medidas de desempeño bajo los cuales, el contratista prestará un determinado servicio y los clientes internos en la Empresa lo recibirán, esperando satisfacer expectativas debidamente dimensionadas.
- **Reuniones periódicas de desempeño**: herramienta para efectuar revisiones al menos trimestrales del desarrollo del contrato. Permite una revisión de lo acontecido en el período anterior, resaltando logros y dificultades; identificando áreas críticas y proyectando retos para el siguiente período. Es el entorno adecuado, para revisar los indicadores de desempeño.
- **Matriz de riesgos**: Una gestión de calidad debe ayudar a cuantificar los riesgos identificados mediante la valoración de la probabilidad y sus impactos, exponiendo así los riesgos más significativos.
- **Competencias**: El personal del contratista deberá cumplir con las competencias adecuadas para cada tipo de cargo/trabajo/responsabilidad que desempeñe en la prestación de los servicios. Estas competencias son específicas y comprenden una combinación promedio de conocimientos técnicos, habilidades y comportamiento, liderazgo, y conocimiento del negocio.

El esquema de las competencias permite una definición más objetiva que la proporcionada por la simple experiencia del profesional. Los empleados del contratista deberán satisfacer este perfil promedio por cargo. EL contratista hará una evaluación de competencias del personal.

- **RASCI.** Bajo la técnica RASCI «por sus siglas en inglés» se identifican en una matriz, para cada una de las actividades del contrato, los roles y responsabilidades de las distintas personas que participan en los procesos de transformación, así:

  ➢ **Responsable**: quien es responsable o dueño de esa actividad, problema o proyecto y tiene las competencias para jugar ese rol.

  ➢ **«Accountable»**: a quien rinde cuentas Responsable. Es quien en última instancia tiene la potestad para aprobar.

  ➢ **Sop**orte: quien contribuye o incluso proporciona recursos para la adecuada identificación, desarrollo y ejecución de una actividad.

  ➢ **Consulta**: quien debe ser consultado para con su información, confrontación, referencia y/o capacidad de contribuir a asegurar el proceso.

  ➢ **Información**: quien debe tener conocimiento del desarrollo de la actividad y especialmente de los resultados; no necesariamente implica acción de su parte.

## 7.   Proceso de solicitud de ofertas

Recibir de clientes internos la solicitud de contratación con justificación de la necesidad, «mal llamada requisición» que dispara el proceso de contratación; debe ser un documento muy bien estructurado en términos de justificación, determinación del presupuesto y descripción del alcance.

- **Solicitud de contratación**. Asegurarse que llegue debidamente sustentada con las aprobaciones de las distintas instancias, evitará tropiezos o demoras en etapas posteriores del proceso.
- **Aprobación financiera**. Respaldada con las órdenes internas o centros de costos. Con alguna frecuencia el cliente interno inicia el proceso sin contar con las aprobaciones del presupuesto, y la función de Abastecimiento se ve obligada a interrumpir el proceso con posterioridad, cuando ya ha iniciado

contactos con potenciales oferentes y la necesidad no ha sido aprobada.

- **Alcance de los Servicios**. Bajo la nueva visión de responsabilidad global, la optimización de recursos regionales ya sea mano de obra especializada o no y el suministro de insumos por parte de proveedores locales, deberían reconocerse con alguna ventaja diferencial al momento de evaluar las ofertas técnicas.

- **El presupuesto**. Debe recibirse desglosado de acuerdo con la estructura de precios que se vaya a solicitar a los potenciales oferentes. De esta manera se convierte en un punto de referencia, para comparar adecuadamente las distintas ofertas comerciales recibidas.

- **Cronograma.** La relación cotidiana con los clientes internos deja como enseñanza que no siempre proyectan sus necesidades con la debida anticipación y esta situación la reflejan en cronogramas muy optimistas, especialmente en lo que se refiere a los plazos de entrega por parte de proveedores y contratistas.

- **Potenciales oferentes**. Sugeridos por el futuro gerente o administrador del contrato para ser invitados a presentar ofertas. No debe desconocerse el conocimiento que el cliente interno tiene del mercado en el cual se mueve. Esa condición le abre la posibilidad de nominar potenciales oferentes, dejando no obstante muy claro que es la función de Abastecimiento la responsable, por conformar la lista de invitados a presentar oferta.

- **Solicitud de contratación rechazada**. Por no ajustarse a parámetro. Solicitud de compras o contratación que no llegue debidamente diligenciada debe devolverse al cliente interno. De otra manera, se corre el riesgo de asumir incumplimientos en procesos de abastecimiento, que no pudieron iniciarse oportunamente por no contar con toda la información requerida.

- **Justificación de las estrategias de contratación**. La prórroga es una modalidad de selección válida en el proceso de abastecimiento, en especial cuando el proceso en estudio fue el resultado de un proceso de solicitud de ofertas. Sin embargo algunas prácticas son aconsejables:

  ➢ Sondear el mercado para referenciar el comportamiento de precios y tarifas, contra el servicio o suministro existente.

- ➢ Tomar ventaja para efectuar ajustes requeridos en los alcances de los servicios o especificaciones técnicas.
- ➢ Toda prórroga de un contrato u orden de compra, debe estar sustentada en la evaluación de desempeño del proveedor o contratista y en la validación de su situación financiera.
- **Contratación directa.** Esta modalidad de selección es objeto de extrema preocupación en las empresas y en consecuencia justificar por qué se recomienda contratar directamente con un oferente prefiriéndolo frente a otros sin desarrollar un proceso competitivo, se torna en un ejercicio que requiere justificación muy pormenorizada, frecuentemente en términos de competencias técnicas. En este caso es indispensable contar con un presupuesto muy detallado y preciso para respaldar una adecuada negociación.
- **Fuente única.** Al igual que en el caso anterior, es indispensable contar con un presupuesto muy detallado y preciso para respaldar una adecuada negociación.
- **Estructura de costos / modalidad de remuneración.** Seleccionar la estructura de costos más adecuada para un determinado contrato puede afectar positiva o negativamente la contratación. No siempre los funcionarios de Abastecimiento, cuentan con las destrezas requeridas para seleccionar la mejor estructura de costos.

Los intereses en las estructuras de costos por parte de Abastecimiento y de los clientes internos no necesariamente coinciden. Abastecimiento debe conocer el desglose de costos y tarifas para normalizar la comparación de ofertas y a futuro negociar con conocimiento profundo de costos, mientras que los clientes internos buscan facilitar los pagos durante la ejecución del contrato.

La suma global fija es un punto de llegada, no de partida. Es un error tomar prestadas modalidades de remuneración de una actividad para utilizarlas en otra actividad, sin hacer los ajustes requeridos. Es el caso de aplicar, el AIU propio de los contratos de precios unitarios fijos en contratos de construcción sin ninguna adaptación, a los contratos de consultoría.

- **Fórmula de reajuste.** Se acude de manera simplista al Índice de Precios al Consumidor «IPC», para determinar el reajuste de los precios o tarifas de un contrato, incluso desconociendo que el Índice de Precios al Consumidor, es conveniente acotarlo en términos de ingresos, ciudad, etc.

Un esquema adecuado de reajuste implica seleccionar un número adecuado de términos que corresponden a los rubros mayores de pago: materiales, mano de obra, equipos, combustibles, etc. En la medida en que se incluyen mayores cantidades de factores de variación, seguramente se obtiene mayor exactitud.

Los índices son usualmente publicados por entidades gubernamentales para las condiciones de cada país o en otros casos por organizaciones financieras o gremiales.

- **Minuta del contrato.** «Incluye anexos». La revisión y actualización de minutas de contratos debe facilitar la comprensión de dichas minutas, eliminar aspectos y cláusulas innecesarias y simplificar la elaboración de los contratos.

Los modelos de solicitud de ofertas constan de dos partes:

- ➢ La Parte General que contiene el clausulado estándar del documento respectivo.
- ➢ La Parte Especial que contiene los acuerdos específicos y las particularidades propias del contenido o acuerdo, que conste en el respectivo documento.

Las minutas deben seguir los siguientes criterios:

- ➢ Abastecimiento debe modificar únicamente las cláusulas que están previstas como modificables en la Parte General y que, en consecuencia, encuentran su equivalencia en la Especial.
- ➢ La modificación consiste en incluir los datos necesarios para completar la cláusula.
- ➢ Bajo ninguna circunstancia, se debe sobre escribir o cambiar la Parte General. Esta prerrogativa, es exclusiva del área jurídica.
- ➢ Para estos efectos, la Parte Especial sigue la misma numeración de la General.

- **Criterios de evaluación.** Una manera de asegurar transparencia desde las etapas tempranas del proceso de contratación, es elaborar un memorando de evaluación de ofertas que debe estar preparado y aprobado antes de salir a solicitar ofertas, este documento establece criterios y reglas para evaluar las ofertas.

Específicamente se definen:

➢ Roles y responsabilidades durante el proceso de evaluación.
➢ Cronograma de actividades al cual debe ajustarse el proceso.
➢ Plan de evaluación y mecanismo de aclaraciones.
➢ Seleccionar la mejor oferta que desde el punto de vista jurídico, de HSE, técnico y comercial satisfaga los intereses de la Empresa.

• **Criterios de adjudicación.** Diferentes a los criterios de evaluación; consideran aspectos aplicables a la adjudicación, dependiendo de los resultados del proceso como, por ejemplo:

➢ Si solo un oferente satisface los puntajes mínimos exigidos y sus tarifas no son satisfactorias comparadas con el presupuesto de referencia, se puede proceder a negociar directamente.
➢ Si la oferta más baja es superior al presupuesto de referencia, el proceso se declarará desierto y posteriormente se llamará al oferente con la propuesta comercial más baja, para negociar directamente.
➢ En caso de empate en la oferta económica «diferencia menor a un 3%, por ejemplo» se adjudica al oferente que obtenga el mayor puntaje en la oferta técnica.

El siguiente mapa mental recoge los elementos de la solicitud de contratación, mencionados anteriormente:

## 8. Selección de contratistas

- **Interés en participar**. Es importante conocer de antemano, los potenciales oferentes que han decidido presentar ofertas, en ocasiones es posible que un oferente tenga inconvenientes para presentar una oferta, lo cual puede ser subsanable; con esto se busca asegurar pluralidad de ofertas que se traduce en competencia.

  Cuando efectivamente el oferente ha decidido no presentar oferta, es necesario conocer las razones por las cuales no lo hace. Es necesario tener presente esas razones, para futuros procesos.

  Conocer las condiciones del sitio de la obra o donde se prestarán los servicios es imprescindible para asegurar la calidad de las ofertas; dicha visita puede hacerse coincidir con la reunión de aclaración. La visita no es simplemente un requisito que se plasma en un certificado de asistencia y cuya no presentación implica la descalificación del oferente.

Es la oportunidad para que los oferentes conozcan de cerca temas como condiciones de acceso al sitio, restricciones regionales, calidad de la mano de obra de la zona, etc.

- **La reunión de aclaración.** Enfocada principalmente en los documentos de solicitud de ofertas, debe contar con el acompañamiento de funciones de la Empresa tales como: El área jurídica, seguros, impuestos, HSE, seguridad física, etc.; debe concertarse hacia la mitad del plazo otorgado para la presentación de ofertas; es tal vez la reunión más importante del proceso de Abastecimiento y es la oportunidad que tienen Abastecimiento y el cliente interno, de recorrer cuidadosamente con los potenciales oferentes, el documento de solicitud de ofertas.

Algunas empresas son reacias a generar adendas; las consideran casi como un «pecado» en el proceso, desconociendo que es una manera de mejorar la calidad del documento de solicitud de ofertas y buscar la presentación de mejores ofertas, además de asegurar que todos los oferentes invitados terminen presentando oferta.

Al final se concede un espacio a los oferentes, sin presencia de la Empresa para que de común acuerdo establezcan las preguntas que deben formular y las cuales deben ser respondidas por escrito a todos los oferentes.

- **Reunión de aclaraciones a la minuta del contrato.** Práctica poco conocida que corresponde a una reunión dedicada específicamente a conocer las inquietudes que los potenciales oferentes, puedan tener en relación con la minuta del contrato.

Práctica de avanzada que considera que la minuta del contrato no se debe imponer al contratista buscando que éste se adhiera, sino que debe ser una plataforma jurídica desde la cual se debe innovar.

- **Recibo de ofertas.** Se solicita con frecuencia que las ofertas se presenten en la tarde del viernes, cuando muy seguramente quedarán guardadas hasta el día lunes, cuando se procede a su apertura; la práctica es solicitar la presentación de ofertas en la mañana del lunes; le brinda a los oferentes el disponer del fin de semana, tiempo que aprovechan para hacer los últimos ajustes a su oferta.

Para procesos de muy alto valor se recomienda el acompañamiento de la Auditoría Interna, al momento de la apertura.

- **Confidencialidad.** Reafirmar los compromisos de confidencialidad de los participantes, es una sana práctica para blindar la transparencia.
- **Evaluación secuencial de ofertas.** Una práctica de oro, sería desarrollar la evaluación de manera secuencial con aplicación del semáforo en cada instancia. Si pasa una etapa, se abre la oferta siguiente:

  ➢ Aspectos legales y relacionados tales como: certificado de constitución y gerencia, registro único de proponentes «RUP», registro único de contratistas «RUC».
  ➢ Oferta de HSE.
  ➢ Oferta técnica.
  ➢ Oferta comercial.

  Cuando por razones de plazos restringidos, es necesario evaluar las ofertas simultáneamente, se pueden presentar situaciones conflictivas por ejemplo cuando ante una oferta económica baja y una oferta técnica que no cumple los estándares, se presiona para flexibilizar esta última y habilitarla.
- **Recomendación de adjudicación.** La función de Abastecimiento es la responsable por consolidar la recomendación final.

  El cliente interno que conoce en detalle la necesidad; es quien debe sustentar la recomendación antes los distintos comités. La función de Abastecimiento respalda la presentación.
- **Efectuar aclaraciones.** Y acordar detalles con el oferente seleccionado. Algunas empresas, establecen en su estatuto de contratación la posibilidad de mejorar la oferta del oferente seleccionado, especialmente cuando la oferta excede el presupuesto estimado; el riesgo es que, al conocerse este enfoque en el mercado, los oferentes tienden a incrementar el valor de sus ofertas de tal manera que, al negociar crean la sensación artificial de que hubo una reducción en la oferta cuando en la práctica llegan, al que hubiera sido su oferta original.

114

Otras empresas, por el contrario, consideran que ésta es una práctica censurable, en la medida en que sería inequitativa con los otros oferentes.

- **Plan de Mejoramiento.** Esta es una práctica poco difundida y mediante la cual se toma ventaja de la predisposición del contratista seleccionado a conceder espacios para concertar un plan de desarrollo o mejoramiento de aquellas debilidades «brechas» identificadas durante el proceso de evaluación de las ofertas técnicas.

El plan debe acordarse antes de que el oferente seleccionado reciba una confirmación formal de la adjudicación.

En la práctica se hace caso omiso de la brecha existente entre las calificaciones obtenidas por los oferentes durante la evaluación de ofertas «línea de base» y el estado ideal en el que deberían estar.

El contratista seleccionado puede tener calificaciones muy bajas en aspectos que pueden ser importantes durante la ejecución del contrato, pero que se han visto nivelados por calificaciones muy altas en otros criterios de calificación; de esta manera pasan desapercibidos.

El contratista no es consciente del espacio de mejoramiento que puede tener durante la ejecución del contrato.

Cuando no se cuenta con un plan de mejoramiento, las acciones para solucionar problemas en el contrato, se aplican tardíamente. Los contratos especialmente de servicios, concluyen sin muestras apreciables de mejoramiento.

La inquietud es qué carácter que debe darse a este plan: Si de tipo contractual o administrativo.

En el primer caso la condición debes estar expresamente establecida en los documentos de solicitud de ofertas; en el segundo caso puede ser un pacto de caballeros entre las Partes.

La aplicación gradual de esta práctica, puede ir modelando la mejor manera de hacerlo.

**9. Retroalimentación a los oferentes no seleccionados, «cuando éstos así lo soliciten»**

Es importante retroalimentar a proveedores y contratistas sobre la calidad de su oferta o su desempeño; deben ser comentarios generales sobre temas como: niveles generales de precios; excepciones planteadas por el oferente; sin hacer comparaciones cuantitativas con otros oferentes.

Es necesario preparar la reunión con la rigurosidad del caso, como pre requisito para garantizar su efectividad.

Es una necesidad sentida de quien contrata asegurar el acceso y la disponibilidad de contratistas en capacidad de prestar servicios y suministros, de acuerdo con los patrones y estándares establecidos.

La retroalimentación permite a contratistas y oferentes no favorecidos, identificar sus fortalezas y debilidades para ser más asertivos en futuros procesos. Si se realiza extemporáneamente, no agrega valor al proceso.

Debe además ser un proceso de doble vía en el cual se solicite al contratista retroalimentar a la Empresa, sobre el desempeño y accionar de sus funcionarios relacionados con la gestión.

La reunión debe:

- Repasar la manera como la Empresa evalúa las ofertas.
- Revisar la manera como el oferente cumplió los requisitos básicos.
- Establecer la manera como la oferta se ciñó o no, al documento de solicitud de ofertas y grado de colaboración del oferente.
- Efectuar comentarios generales sobre temas como: niveles generales de precios; excepciones planteadas por el oferente sin hacer comparaciones cuantitativas con otros oferentes.

116

## 10. Retroalimentación a las áreas «staff»

Retroalimentar a las Áreas Legales o a las Secretarías Generales sobre aquellas desviaciones o ajustes que requieren los documentos, de acuerdo con las observaciones derivadas de las interfaces con los distintos actores del proceso de selección de contratistas y gestión de contratos.

## 11. Respaldo a los gerentes de contratos

Abastecimiento que pasa a la retaguardia una vez el contrato o la orden de compra han sido perfeccionados, debe durante la gestión de éstos:

- Orientarlos en la elaboración del plan de control, cuando aplique.
- Guiarlos en la interpretación de las delegaciones de autoridad.
- Respaldarlos en la interpretación de términos y condiciones del contrato.
- Instruirlos en la interpretación y aplicación de fórmulas de reajuste.
- Asesorar a los diferentes clientes internos, en las respuestas a las auditorías internas y externas sobre contratos y órdenes de compra.
- Aconsejarlos en la validación de los indicadores de desempeño o en su sustitución.
- Adiestrarlos en la identificación y cuantificación de cambios al contrato.
- Acompañarlos en las reuniones periódicas de desempeño, cuando aplique.
- Encaminar el proceso de evaluación de riesgos de HSE.
- Recibir los presupuestos, en las situaciones de cambios al contrato.
- Orientar al gerente o supervisor del contrato, en las evaluaciones de desempeño:
  - ➤ Periódicas y
  - ➤ Al cierre del contrato.
- Recibir del gerente o supervisor del contrato, información sobre cambios en la organización del contratista.
- Facilitar la transición cuando se cambia el gerente del contrato.

- Asegurar que el gerente o supervisor, se haga responsable por el cierre y liquidación del contrato y por efectuar el cierre de saldos en el ERP de la Empresa.

## 12. Aseguramiento de la calidad en los procesos de abastecimiento

- Abastecimiento propondrá métodos para alcanzar eficiencias:

  ➢ Operativas y administrativas.
  ➢ Dirigidas a la obtención de ahorros de costos.

- Mantener un programa de mejoramiento continuo que busque:

  ➢ Revisar y actualizar periódicamente los procesos, o cuando factores imprevistos así lo ameriten.
  ➢ Identificar los indicadores de desempeño, para medir la prestación de los servicios.
  ➢ Desarrollar como función de abastecimiento, Acuerdos de niveles de servicio «ANS´s» con clientes internos.
  ➢ Sostener reuniones periódicas de desempeño, con el contratista.

## 13. Relación con contratistas

Abastecimiento debe acercarse a los grupos de interés, para trabajar en equipo con:

- El Especialista en abastecimiento.
- El gerente o supervisor del contrato, por parte de la Empresa.
- El cliente interno y el funcionario correspondiente, cuando se trate de procesos de contratación en campo.
- Otras áreas de calidad en especial: HSE, auditoría y logística.
- Los auditores externos de la Empresa.
- Otros consultores relacionados con los procesos de selección de contratistas y gestión de contratos.
- Otras compañías asociadas.
- Otras compañías del sector.

**Buenas prácticas en el macro proceso de gestión de contratistas**

En sentido estricto, la gestión de contratistas se inicia en el momento en que se ha perfeccionado el contrato; entendido este acto como la firma del contrato y la presentación de las pólizas exigidas.

No obstante, una buena práctica señala que la vinculación del gerente del contrato, debe darse tempranamente y en lo posible desde la identificación y desarrollo de la necesidad. De esta manera, quien va a fungir como gerente de un contrato, tiene la oportunidad de participar a todo lo largo del proceso de selección de un contratista y adquirir un conocimiento integral que le permitirá desarrollar una gestión más efectiva que asegure la ejecución de un contrato dentro de los términos esperados de valor, plazo, calidad y HSE.

Por otro lado, es posible que una adecuada gestión pre contractual por parte de Abastecimiento se pueda malograr por una inadecuada gestión o administración del contrato, debido a la impericia del gerente o supervisor asignado por parte de la Empresa.

**1.    Plan para controlar la gestión de contratos**

Los gerentes de contratos muchas veces se ven abocados a gestionar un contrato, sin tener experiencia previa en este campo y además con alguna frecuencia, sin conocer los antecedentes del contrato específico por el cual deberán responder.

La situación se torna mucho más crítica porque esta responsabilidad, surge como una tarea adicional a las propias de su cargo.

Se requiere entonces de un documento que le permita al gerente de contratos, estructurar un panorama lo más completo posible de sus responsabilidades durante la gestión de un contrato.

La responsabilidad primaria en su elaboración es del gerente del contrato, pero fuertemente asistido por la persona de Abastecimiento que aporta la experiencia adquirida durante el proceso pre - contractual, buscando asegurar la integridad y consistencia del documento.

Es tal vez el documento que brinda una visión más completa de las responsabilidades que tiene un gerente del contrato, y reafirma la necesidad de que ésta sea una posición definida dentro de la Empresa y no una responsabilidad complementaria.

La mecánica para elaborarlo, consiste en una lectura y revisión cuidadosa no solo del contrato, sino de todos los documentos anexos y de la descripción de los servicios; esta revisión debe identificar lo que signifique una obligación o una actividad específica que el gerente del contrato pondrá en práctica o debe ejercer para asegurar sus responsabilidades principales. Para cada actividad que surja de este análisis, deberá establecerse su frecuencia durante la ejecución del contrato. Sorprende cuando este ejercicio se realiza con cuidado, tomar conciencia de la cantidad de actividades que esto implica.

No es un documento fácil de elaborar, dado el esfuerzo que demanda en su preparación y posterior seguimiento, por eso es necesario definir si se requiere para cualquier tipo de contrato, o si por el contrario debería desarrollarse únicamente para contratos de alta complejidad o riesgo.

Un plan bien estructurado y actualizado permanentemente por el gerente del contrato, debería facilitar el manejo del cambio, en caso de sustitución o ausencia de dicho gerente.

## 2.    Reunión de iniciación de la obra o de los servicios

Con frecuencia se desconoce que esta reunión marca la transición que se da en el proceso. Cambio en roles y responsabilidades «centro de gravedad», del especialista de compras al gerente del contrato.

Se requiere para establecer las pautas que aseguren un entendimiento mutuo entre la Empresa y el contratista sobre el alcance del trabajo y una revisión de aspectos reglamentarios y procedimentales, para fortalecer un compromiso mutuo hacia la adecuada gestión del contrato.

Asegura una adecuada iniciación del contrato al efectuar de manera conjunta «especialista de compras; gerente del contrato y contratista» una revisión y actualización del contrato, sus anexos y el alcance de los servicios; además de una revisión de roles y responsabilidades.

Brinda la oportunidad de mirar retrospectivamente la identificación de posibles ajustes o cambios requeridos, luego del perfeccionamiento del contrato.

Aplica a los contratos que por su complejidad o condiciones de prestación de servicios, requieren una cabal comprensión por parte del contratista de aspectos concretos, alusivos a la prestación de los servicios contratados.

Es necesario efectuarla con la penetración y alcance requeridos, asegurando que participen los actores requeridos, por ejemplo: El área jurídica, impuestos, seguros, HSE, financiera, etc.

Cualquier acuerdo especial o entendimiento al que se llegue en esta reunión, será confirmado por escrito al contratista y deberá también constar en el acta de la reunión, donde se establecerán mecanismos de seguimiento para la implementación de los acuerdos logrados.

Con el tiempo la importancia de esta reunión se ha ido menoscabando, al limitarse a la entrega del acta de iniciación de los servicios o de la obra.

Como cierre debe generarse el acta de inicio que es el documento suscrito por el gerente del contrato, en el que se fija la fecha de iniciación del contrato, que es la misma a partir de la cual se contabiliza el plazo de ejecución del mismo.

## 3.    Movilización al sitio de la obra o de los servicios

Regularmente al momento de planear el proceso de contratación, se establece un plazo razonable para la movilización del contratista, al sitio de la obra o de los servicios.

Sin embargo, a medida que avanza el proceso, se van recortando los plazos de movilización acordados o previstos en el documento de invitación.

Los impactos desfavorables del cronograma, se recargan sobre el plazo previsto para la movilización.

Se fuerzan movilizaciones en épocas inadecuadas, por ejemplo, en Semana Santa o en las últimas semanas de diciembre que no siempre son acertadas. El contratista se ve obligado a improvisar recursos de personal o equipos, diferentes a los previstos inicialmente, que no necesariamente cumplen con los estándares esperados.

El contratista se moviliza sin suscribir el contrato y establecer las pólizas requeridas, poniendo en alto riesgo a las dos Partes. Eventualmente se pueden generar sobrecostos.

Es indispensable asegurar una movilización exitosa desprovista de riesgos; en caso que éstos existan que estén debidamente mitigados; evitar potenciales causales de reclamación y afianzar un adecuado inicio de la relación contractual.

## 4.    Medición y forma de pago

El gerente del contrato debe disponer de un documento «acta de recibo de las cantidades de obra o de servicios», mediante el cual contratista y la Empresa, expresen o plasmen su acuerdo sobre los servicios recibidos o los trabajos ejecutados durante un período, previamente acordado en el contrato.

Este debe ser un documento preciso y detallado para detallar los servicios o la cantidad de obra ejecutada y proceder a su pago.

Al revisar las actas de recibo, deben tenerse precauciones como las siguientes:

- Evitar el reconocimiento en el acta, de servicios o cantidades de obra, que no cumplen con las exigencias de calidad del contrato.
- Aceptar el pago o postergarlo por la existencia de rubros, que no están contractualmente pactados.
- No efectuar control cuidadoso de: débitos; reembolsos; glosas; retenciones; amortizaciones.
- Evitar el trámite extemporáneo de las facturas.
- Aceptar actas que no vengan acompañadas de la documentación requerida de respaldo, según el tipo de contrato y la modalidad de remuneración.
- Incumplir los plazos previstos para revisar las actas de recibo y cancelar las facturas.

El recibo de las cantidades de servicios y de obra ejecutada cuando están contractualmente pactados y satisfacen las exigencias de calidad exigidas, podrían asignarse a una función que no necesariamente tenga asociada autorización financiera.

Una práctica que no debe pasarse por alto, es asegurar que el acta registre en una parte visible la fecha de terminación y el valor del contrato; de tal manera que el gerente o administrador del contrato reaccione tempranamente cuando advierta que está próxima dicha terminación o que se agota el presupuesto para proceder a solicitar las aprobaciones correspondientes, de prórroga o incremento de valor, ante las instancias requeridas y se cuente así con la debida anticipación, con el instrumento contractual requerido «otrosí».

La cláusula que determine la medida de los servicios o de las obras, debe establecer claramente los siguientes plazos:

- Aquel del que dispone el contratista, para presentar las actas de recibo de servicios u obras.
- El de la Empresa para recibir dichas actas e impartir o no su aprobación a las cantidades consignadas en el acta, para que el contratista pueda proceder con la presentación de la factura correspondiente.

Se acostumbra determinar una dimensión «que no indicador de desempeño» para registrar los días que toma tramitar el pago de una factura; contados a partir de la fecha de presentación de la misma. Regularmente este indicador es satisfactorio, y no despierta el interés de Abastecimiento porque presenta altos niveles de cumplimiento.

Esta dimensión desconoce que muchos gerentes o administradores, solicitan a sus contratistas obras o servicios adicionales que no necesariamente tienen cobertura contractual y cuando éstos someten las actas correspondientes a aprobación, los gerentes se ven impedidos para hacerlo, mientras no procedan con un otrosí al contrato, trámite que no es inmediato.

La aprobación de las actas se dilata, y solo se puede proceder un buen tiempo después cuando el otrosí esté aprobado; lo que significa que el trámite del pago debería medirse desde el momento en que el contratista presenta el acta de recibo de los servicios, y no desde el momento de presentación de la factura. Este plazo excede en muchos días, el plazo contractual establecido para el pago, con el consiguiente impacto económico para el contratista.

Cuando esta práctica de la Empresa es frecuente y se hace del conocimiento de los contratistas, éstos incluyen en sus ofertas los mecanismos económicos para mitigar el impacto de los pagos tardíos, incrementando los costos, precios o tarifas.

En estos casos, los gerentes de contratos por temor o por falta de iniciativa, no se atreven a solicitarle al contratista que presente una nueva acta que excluya los renglones sin cobertura contractual, y proceder así con el trámite oportuno de dicha acta; dejando para incluir en una próxima acta, las cantidades en discordia.

Un mecanismo más ágil a ser desarrollado por Abastecimiento en los formatos de las actas, consiste en establecer un rubro correspondiente a «**glosas**» o «**débitos no contractuales**» que son aquellos valores que requieren aclaración, porque su justificación es dudosa y afecta parcialmente los estimativos de los servicios prestados y que requieren ser aclarados por el contratista, no obstante que en algunos casos pueden surgir porque el gerente del contrato solicitó trabajos o servicios, no incluidos en el contrato.

La hoja final de un acta de recibo de bienes o servicios, se observa a continuación:

**Acta periódica de pago** — Última página

| Acta No: | | | | | | | | | |
| Fecha de elaboración: | | | Contratista: | | | | | Valor del contrato: | |
| Periodo: | a | | Descripción del contrato: | | | | | Fecha terminación del contrato: | |

| No | Código de costos | Descripción | Unidad de medida | Contrato | | | Modificaciones | | Este periodo | | Acumulado a la fecha | |
|---|---|---|---|---|---|---|---|---|---|---|---|---|
| | | | | Cantidad | $ unitario | Valor extendido | Cantidad (+ o -) | Valor extendido | Cantidad | Valor extendido | Cantidad | Valor extendido |
| | | | | | | | | | | | | |
| | | | | | | | | | | | | |
| | | | | | | | | | | | | |
| | | | Total | | | | | | | | | |

Aprobación para el pago

Valor aprobado: $

Débitos no contractuales

Fecha:

Retención contractual

Valores recibidos por:

Amortización anticipo

Firma autorizada:

Débitos

Valores verificados por:

Reembolsos

Firma autorizada:

Multas

| Presentación informes y comprobantes solicitados contractualmente | Sí | | No | | Valor neto a pagar | Retención en la fuente |

Observaciones:

125

Además de la definición de glosas, conviene no pasar por alto las siguientes:

**Reembolso**: es el pago que el contratista efectúa, por concepto de rubros suministrados por la Empresa y que son responsabilidad del contratista.

**Débito**: cargo al contratista por bienes y servicios, contractualmente pactado y que debe ser suministrado por la Empresa.

**Retención**: valor expresado en porcentaje sobre el valor estimado del contrato; contractualmente pactado por la Partes, especialmente en contratos de obras.

**Amortización**: descuento del acta periódica de pago, regularmente para cancelar el anticipo.

Una práctica que utilizan algunas empresas que mantienen fuertes relaciones de confianza con contratistas críticos, con un volumen estable de facturación mensual, consiste en establecer un porcentaje del promedio de dicha facturación y efectuar un pago anticipado a principios de mes, de tal manera que se garantice un adecuado flujo de caja; dicho pago se deduce del acta de pago del mes siguiente.

## 5. Anticipos y pagos anticipados

Estos dos temas requieren un correcto conocimiento e interpretación, para asegurar que agreguen valor a la relación contractual.

Inicialmente es necesario establecer la diferenciación entre los dos conceptos:

- **Anticipo** es una modalidad de pago que las partes contratantes, en desarrollo del principio de autonomía de la voluntad, libremente pueden convenir para que se invierta en la ejecución del contrato. Surgido en la contratación estatal; corresponde a un porcentaje del valor del contrato que los contratistas de obra, solicitaban para mitigar la variación de los precios de materiales de obra, especialmente acero y cemento.

Como se trata de un dinero que el contratante avanza al contratista, es necesario que paulatinamente el contratista, de cada acta de obra proceda a su amortización. La costumbre ha sido que dicha amortización o descuento del acta de obra, corresponda al mismo porcentaje del anticipo.

Dado que el dinero originalmente es del contratante y el contratista lo administra, solo se incorporará al patrimonio de este último, en la medida en que se cause su amortización; al contratista deberá exigirse, que establezca una póliza que ampare el buen manejo del anticipo.

Sin embargo, puede suceder que, terminado el contrato, el contratista aun no haya amortizado el anticipo en su totalidad; por consiguiente, la buena práctica consiste en establecer que la amortización debe hacerse en las tres cuartas partes del plazo del contrato.

- **Pago anticipado.** Por una condición particular de negociación, es posible que el contratante decida conceder al contratista un pago específico. En este caso los recursos son simplemente una remuneración entregada antes que se cumplan las obligaciones contractuales del contratista y se integran a su patrimonio desde el momento de su desembolso; y pueden ser gastados por el contratista, sin ninguna limitación. Una pregunta que puede generar debate es la siguiente: Si en el pago anticipado, el dinero es del contratista y por consiguiente no debe devolverlo, ¿por qué se exige un amparo de devolución del pago anticipado? ¿El incumplimiento del contrato, no estaría amparado por la garantía de cumplimiento del contrato?

La política de las empresas para conceder anticipos, se despliega en un abanico que abarca:

- Desde la decisión de no conceder anticipos; desconociendo la debilidad financiera de los contratistas en ciertos sectores, que se ven obligados a acudir al sector bancario para obtener préstamos que les permitan acometer el contrato, con el consiguiente impacto en los costos, precios y tarifas del contrato.

- Hasta la decisión de establecer de manera unilateral en el documento de solicitud de ofertas, un determinado porcentaje para el anticipo, que reconocerán al oferente seleccionado. El establecer de antemano este porcentaje, desconoce la posibilidad de que uno de los potenciales oferentes requiera un porcentaje menor para atender sus necesidades iniciales y se deje dinero sobre la mesa, sin necesidad.

## 6. Notificación de cambio de construcción y otrosíes al contrato

Los gerentes o administradores de contratos generalmente ubicados en el campo, vibran en una frecuencia más alta «más rápido», de aquella en la cual vibran la casa matriz o la oficina principal; requieren no pocas veces soluciones inmediatas, que tienen implicaciones contractuales y por consiguiente deben plasmarse en un otrosí, antes de proceder con la modificación requerida.

En el sitio de la obra o de los servicios, es necesario tomar decisiones con mucha rapidez porque de no hacerse, pueden generar suspensiones de la obra o de los servicios que comprometen el plazo de la obra, o ponen en riesgo la estabilidad, la seguridad de las actividades, los equipos, las instalaciones o lo que es más importante, la integridad del personal asociado a la obra o a los servicios.

No siempre se cuenta con la celeridad de Abastecimiento en el nivel central, que a su vez tiene que dar cumplimiento a procedimientos y exigencias que dilatan o postergan la elaboración de un otrosí, una adición o modificación requerida en un contrato u orden de compra. En otras palabras, las necesidades de cambios en el campo, no necesariamente pueden acompasarse con los trámites administrativos requeridos para formalizar un otrosí.

Si desde Abastecimiento, se pone en práctica un programa satisfactorio de capacitación y entrenamiento de los gerentes o administradores de contratos, una buena práctica debería ser colocar bajo su responsabilidad la ejecución de un porcentaje sobre el valor del contrato para acordar con el contratista la «notificación de un cambio de construcción» para trabajos o servicios adicionales, que requieran una respuesta inmediata en el sitio y que luego se perfeccionan en un otrosí. Así se podrán mitigar o reducir reclamos por manejo inadecuado de cambios, en el alcance de la obra o en las condiciones económicas del contrato.

En todo caso no se puede aceptar que el contratista adelante trabajos adicionales sin que se hayan acordado previamente el alcance, las cantidades de obra o de servicios y los precios, generando problemas de marca mayor, al liquidar el contrato.

El diagrama siguiente indica la secuencia para tramitar la notificación de cambio mencionada:

**EC**: Equipo de campo
**GP**: Gerente de proyecto
**CI**: Coordinador de ingeniería
**CD**: Consultor de diseño
**GC**: Gerente de construcción
**CC**: Contratista en el campo

| Actividades | EC | GP | CI | CD | GC | CC |
|---|---|---|---|---|---|---|
| Identificar cambio potencial del diseño | | | | | | |
| Está el cambio de diseño dentro del alcance básico de ingeniería | Si | No | | | | Formula reclamo |
| Evaluar validez e impacto del cambio | | | | | | |
| Notificar al equipo de construcción acciones especiales resultantes | | | | | | |
| Preparar notificación de cambio de construcción - NCC - | | | | | | |

| Actividades | EC | GP | CI | CD | GC | CC |
|---|---|---|---|---|---|---|
| Aprobar NCC | | ● | | | | |
| Recibir NCC, preparar cambios al diseño, entregar diseño revisado | | | | ● | | |
| Registrar y distribuir de acuerdo con la matriz de distribución | | | ● | | | |
| Asegurar iniciación de la orden de variación; compra de materiales y/o instrucciones en el sitio - *si se requiere*- | | ● | | | | |
| Notificar al contratista de construcción. Información a distribuir según se requiera. Hacer arreglos para implantación cambios | | | | | ● | |
| implantar trabajo asociado NCC | | | | | | ● |
| Asegurar seguimiento según se requiera | | | | | ● | |
| Completar documentos | ● | | | | | |
| Cierre | ⬟ | | | | | |

Las buenas prácticas en este caso, se plantean en términos de qué es necesario tener presente, cuando se requiere efectuar modificaciones al contrato original:

130

- Evitar un perfeccionamiento tardío, de cambios al contrato.
- Adelantar trabajos o servicios, sin la discusión comercial apropiada y sin adecuada cobertura contractual.
- Asegurar que cada otrosí, incluya adecuada y completa información sobre el valor original del contrato y sus consiguientes modificaciones. Algunas empresas solo incluyen la información del valor de ese otrosí en particular y con esa limitación, no es posible definir instancias de aprobación del monto y quien es la autoridad que puede suscribir el otrosí; además no es posible definir las modificaciones que deben hacerse en las cuantías y vigencias de las pólizas y garantías.
- No utilizar los otrosíes para incluir obras y servicios, no relacionados con el objeto del contrato.
- Minimizar el desfase entre la necesidad de cambio surgida en el desarrollo del contrato y el perfeccionamiento del otrosí.
- Efectuar el perfeccionamiento de otrosíes «lázaros», sobre contratos vencidos o expirados.
- Incluir tempranamente:

  ➢ Trabajos o servicios pasados por alto en la especificación técnica o en el alcance de los servicios.
  ➢ Trabajos o servicios incluidos en el objeto del contrato, pero cuyos precios o tarifas no fueron pactados.

- Renegociar los precios originales, cuando se presenta un aumento o una disminución apreciable de las cantidades de algún rubro.
- Utilizar los trabajos o servicios adicionales materia de adición al contrato, para negociar reclamos pendientes por parte del contratista,
- No utilizar el otrosí para evitar la selección de contratista para otros servicios o trabajos.

## 7. Liquidación y cierre de contratos

Esta etapa de cierre y liquidación del contrato, es importante para asegurar la debida culminación de la gestión contractual. El sentido común indica que es el gerente o administrador del contrato quién debe proceder con esta actividad, pues ha sido el quién ha efectuado el seguimiento y control de los compromisos y responsabilidades contractuales.

Sin embargo, en algunas empresas se piensa que es Abastecimiento quién debe realizar esta actividad, desconociendo que esta función desde el momento en que se perfeccionó el contrato ha pasado a la retaguardia y no conoce ni puede responder por los detalles y pormenores que tienen que ver con la prestación del servicio o con la ejecución de la obra.

Una actividad clave sobre la cual gravita el cierre correcto del contrato, es asegurar el entendimiento entre las áreas contables tanto del contratante como el contratista, sobre los valores facturados y cancelados.

Los controles y el seguimiento al cierre y liquidación del contrato, no siempre son los mejores y muchas empresas se llevan una desagradable sorpresa cuando advierten que tienen una elevada acumulación «back log» de contratos sin cerrar, luego de haber transcurrido semanas y en ocasiones meses, a partir del recibo de la obra o de los servicios.

Cuando ha transcurrido un buen tiempo, es posible que en la organización del contratista ya no esté el personal que participó en el proceso; incluso que el contratista haya desaparecido o que si se trató de un consorcio éste ya no exista, obligando a hacer cierres de oficio que implican riesgo, porque no cuentan con el pleno acuerdo del contratista.

Por eso es conveniente que contractualmente se haya pactado y diferenciado entre:

- **Plazo**: tiempo de ejecución de la obra o de prestación de los servicios.
- **Vigencia: d**ías adicionales para el cierre y liquidación del contrato, dentro de los cuales las Partes se comprometen a cerrar el contrato.

Adicionalmente el gerente o administrador del contrato debe tener presente, las siguientes prácticas:

- Liberar dineros sobrantes del contrato en los ERP´s correspondientes, contribuyendo a aliviar presiones presupuestales en otras áreas de la Empresa.
- Entender cuáles son sus roles y responsabilidades directos y cuáles deben ser compartidos con Abastecimiento. Un diagrama de Venn puede ser una herramienta muy útil para definirlos.
- Evitar el desorden durante el desarrollo del contrato que se traduce en documentación no disponible al momento del cierre, por ejemplo: acta de iniciación de los servicios.
- Consultar las distintas fuentes o sistemas contables disponibles, para asegurar información cierta y completa sobre los costos del contrato.
- En algunas empresas los costos reembolsables generados durante la ejecución de un contrato, se manejan en centros de costos diferentes y al liquidar el contrato, si se trata de un gerente o administrador nuevo es posible que pase por alto considerar dichos valores, afectándose así la determinación del valor final del contrato.
- No utilizar las actas de cierre y liquidación para efectuar transacciones, por fuera del alcance original del contrato.
- Solicitar las pólizas de seguros y garantías que contractualmente deben establecerse al momento de terminar el contrato, porque cubren riesgos que continúan vigentes, especialmente en el caso de obras; por ejemplo, el amparo de estabilidad de la obra y amparo para el pago de salarios, prestaciones sociales e indemnizaciones.

## 8. Conclusiones

- La identificación, desarrollo y puesta en marcha de buenas prácticas debe ser un proceso permanente, alimentado no solamente por la función de Abastecimiento, sino también por los clientes internos e incluso por los potenciales oferentes.
- La realización periódica de ejercicios de referenciación comparativa «benchmarking», es uno de los espacios adecuados para identificar y compartir mejores prácticas.

La siguiente ecuación descrita con mayor detalle en el libro «Macro proceso de gestión de contratistas», https://www.amazon.com/dp/1983303674 y desarrollada con

133

bastante sentido analítico, por Israel Moreno compañero de trabajo del autor en Intercor, da pie a reconocer la mayor o menor influencia del gerente o administrador del contrato en la gestión exitosa de un contrato; no obstante las debilidades del contratista; del marco contractual y en particular de las especificaciones técnicas o descripciones de los servicios.

## Ecuación de abastecimiento

| Contratista | Alcance de la obra | Gerente del contrato | Resultado |
|---|---|---|---|
| Bueno | Bueno | Bueno | Excelente |
| Bueno | Bueno | Regular | Regular |
| Bueno | Regular | Bueno | Bueno |
| Bueno | Regular | Regular | Malo |
| Regular | Bueno | Bueno | Bueno |
| Regular | Bueno | Regular | Malo |
| Regular | Regular | Bueno | Bueno |
| Regular | Regular | Regular | Pésimo |

# Contratistas con varios contratos simultáneos

## Antecedentes

El proceso de selección de contratistas, finaliza regularmente con el perfeccionamiento del contrato de obra o servicio «contrato firmado por las Partes, pólizas suscritas y las primas correspondientes debidamente pagadas». Se supone que, a partir de este momento, el gerente o supervisor del contrato, inicia su actividad como responsable en la gestión del contrato y como mediador entre la Empresa y el contratista.

Sin embargo en sentido estricto, la vinculación de dicho gerente debe plasmarse tempranamente desde la identificación y definición de la necesidad, tal como establece el autor entre las páginas 17 y 21 de su libro macro proceso de gestión de contrato, cuyo enlace es https://www.amazon.com/dp/1983303674, bajo el título «actividades pre contractuales del gerente del contrato».

Realizada la reunión de inicio de la obra o de los servicios, el centro de gravedad del proceso cambia de la función de Abastecimiento al cliente interno, en la persona del gerente del contrato, quien es responsable entre otras actividades, por las siguientes:

- Desarrollar el relacionamiento con el contratista dentro del marco contractual.
- Asegurar el cumplimiento de la descripción de los servicios o de las especificaciones técnicas, en términos de calidad, valor, plazo y exigencias de HSE, cuando aplique.
- El seguimiento de los indicadores de desempeño.
- La validación del cumplimiento de los requisitos previos para movilización del contratista al sitio de la obra o de los servicios.
- Las comunicaciones en desarrollo del contrato.
- El plan de control del contrato.

- El control de pólizas de seguros y garantías y su modificación cuando se generen otrosíes al contrato.
- El control de cambios en términos de modificación de cantidades o de demoras y prórrogas en los plazos límites y la elaboración y trámite de otrosíes, cuando sea necesario.
- Medición, forma de pago, facturas, conceptos contables de: anticipos, avances, reembolsos, débitos, retención, amortización glosas, etc.
- La gestión y negociación de los reclamos que surjan durante el desarrollo del contrato.
- La aceptación final y cierre del contrato.
- La evaluación de desempeño y retroalimentación al contratista.

No obstante los procesos y procedimientos existentes en la Empresa, los esfuerzos dedicados a entrenar y capacitar a los gerentes de contratos y los acompañamientos desde la función de Abastecimiento; persiste en la gestión de contratistas, un elemento subjetivo que hace que dos gerentes de contratos enfrentados a gestionar dos contratos de características y condiciones similares, puedan manifestar reacciones, comportamientos, argumentos y lenguajes muy diferentes basados en la percepción de cada uno, influenciada por intereses y deseos particulares y muchas veces, desconociendo que las cosas se pueden apreciar, desde diferentes tipos de vista.

**Estrategia para gestionar contratistas con varios contratos con la Empresa**

En el proceso de contratación es frecuente que, en la invitación a un proceso específico de contratación, se incluya una firma que ya está ejecutando una obra o prestando un servicio y a su vez sea favorecida nuevamente con un contrato y el gerente responsable de su gestión sea diferente al que responde, por el contrato o contratos ya existentes.

Esta circunstancia amerita consideraciones especiales para manejar este tipo de relacionamiento, buscando integrar al grupo de gerentes o administradores de los contratos asignados a un mismo contratista para compartir experiencias, uniformidad en aplicación y seguimiento de procedimientos y optimización de procesos, con énfasis específicamente en:

- Aprovechar la sinergia con contratistas que simultáneamente tienen varios contratos.
- Desarrollar y aplicar una misma matriz de controles y revisión de actas de pago.
- Elaborar y utilizar periódicamente, una guía de autoevaluación e indicadores de desempeño.
- Acordar y poner en marcha con el contratista un solo programa de HSE, con cubrimientos específicos a las necesidades puntuales de cada contrato.
- Simplificar e integrar la documentación de soporte de las actas de pago, optimizando así los recursos de personal y equipos tanto de la planta administrativa de la Empresa, como la del contratista.
- Estandarizar la toma de decisiones con respecto a solicitudes de pronto pago, permisos, aplicación de bonificaciones, rotaciones de personal, etcétera.
- Cerrar y liquidar los contratos e integrar las evaluaciones de desempeño, resultantes de los distintos contratos.
- Promover reuniones comunitarias de los gerentes de los distintos contratos, para evaluar preocupaciones e inquietudes y alinear decisiones al respecto.
- Implantar un grupo de trabajo con los gerentes mencionados para analizar y optimizar procesos actuales y documentar formatos etcétera, comunes a los distintos contratos.
- Definir frecuencia de reuniones de seguimiento del contrato y de su desempeño por parte de los gerentes de contratos con un mismo contratista; incorporando a las reuniones al contratista, si hay mérito para ello.
- Si este tipo de esfuerzos combinados de los gerentes no se realiza, puede suceder que mientras en un contrato se le aplica una multa o está en discusión un reclamo puede ocurrir que en otro contrato su gerente esté tramitando una prórroga para incrementar el alcance y esta situación no se aprovecha para zanjar el reclamo o acordar alguna decisión sobre la multa.

- Compartir resultados y lecciones aprendidas, con gerentes de otros contratos.

## Decisiones

¿Se cuenta en la Empresa con un listado detallado de contratistas, que tienen contratos ejecutándose simultáneamente?

¿Al momento de efectuar el alistamiento de potenciales oferentes a ser invitados a presentar ofertas para un determinado servicio, se ha tenido presente, que algunos de ellos pueden tener contratos vigentes con la Empresa?

¿Se ha evaluado con especial cuidado, las ventajas y desventajas asociadas a un potencial oferente que ya tiene contratos con la Empresa, considerando que, ante la potencialidad de un nuevo contrato, se puede poner en riesgo su capacidad de contratación y cumplimiento, no solo del nuevo contrato, sino de los contratos en ejecución?

¿Se ha analizado la conveniencia o no de que los gerentes de los otros contratos, participen en la reunión de inicio del nuevo contrato?

¿Cómo debe eliminarse la redundancia, en la presentación de documentos comunes a los distintos contratos, por ejemplo, pagos de parafiscales, anexos a las facturas?

¿Qué debe hacerse para reducir la pérdida de tiempo e ineficiencias, al duplicar actividades como reuniones de avance de los servicios?

¿Se dispone de una guía que oriente la manera cómo deben reaccionar los gerentes de contratos, cuando existan desacuerdos generados por la respuesta, que deba darse al contratista en una determinada situación?

¿Si en uno de los contratos se advierte, que el contratista está poniendo en riesgo su ejecución, cómo debe ponerse en marcha un plan de recuperación?

¿Qué debe hacerse en los contratos restantes, para evitar los riesgos de incumplimiento?

¿En el caso de incumplimiento manifiesto en el desarrollo de un contrato, cuál debe ser la estrategia liderada desde Abastecimiento que deben aplicar los gerentes, en los contratos restantes?

¿Se ha evaluado el desempeño consolidado de dicho contratista en los distintos contratos en ejecución, como elemento para decidir si se invita a presentar oferta para un nuevo proceso?

¿Con base en las lecciones aprendidas, se ha formulado un procedimiento para manejar las relaciones contractuales con este tipo de contratistas?

# Excedentes y vitrina de materiales

## Nociones

### Excesos y excedentes en inventarios

Conviene inicialmente analizar algunas de las causas que pueden generar excesos y excedentes, en la gestión de inventarios:

- En grandes proyectos industriales o de infraestructura como los que compañías multinacionales de ingeniería desarrollan en países como Colombia; a la culminación del proyecto suele ocurrir que maquinaria, equipos y repuestos «cuantiosos en términos de cantidad y valor», no se utilizan y se entregan o devuelven a la empresa contratante; en algunos casos, sin el debido inventario, y para los cuales no se anticipa aprovechamiento en el futuro cercano, por lo que se convierten en excedentes.

  La mesura en dimensionar las necesidades de compra y sus cantidades, no es necesariamente una práctica que se aplique, durante la ejecución del proyecto. Concluido éste, el contratista principal abandona el país y es la empresa contratante, quien tiene que lidiar con el manejo y disposición de dichos excedentes.

- Un ejemplo típico en proyectos petroleros, puede ser el caso de la tubería de perforación de origen importado. La urgencia de poner en marcha las actividades de producción, supone que los operadores se vean en la imperiosa necesidad de colocar compras tempranas, para las cuales no siempre se cuenta con especificaciones técnicas y con planos de diseño completos; o en el caso de contar con éstos, suele ocurrir que se efectúan cambios, cuando ya se han colocado los pedidos a los proveedores, generalmente de origen extranjero.

  Las tuberías al llegar a las bodegas, no corresponden a las necesidades del momento y por tal razón el área de proyectos

141

que solicitó a Abastecimiento, colocar esas órdenes de compra, no se atreve a formalizar esta condición de excedentes de manera inmediata, porque anticipan que la decisión pondría en tela de duda la gestión eficiente de proyectos y proceden a argumentar que dichos materiales deben ingresarse al inventario, porque se compraron a unos precios muy atractivos y podrían ser utilizados en futuros proyectos con innegables ventajas de costos y disponibilidad, desconociendo que estos elementos permanecen en inventario por tres, cuatro, cinco o más años, acercándose a su obsolescencia.

- Cuando en la gestión de inventarios no se ha establecido o se ha eliminado el modelo de bodega central, en el caso de servicios de perforación, los bienes y repuestos, se cargan contablemente a cada pozo y si no se han utilizado, se van rotando a otros pozos sin posibilidad de retornarlos a dicha bodega en la cual se les pudiera dar un uso diferente, optimizando de paso las cantidades disponibles.

- El concepto de «repuestos de operación para los próximos dos años» ha sido la práctica frecuente de muchos proveedores. Cumplidos los dos años, puede suceder que dichos repuestos no se hayan consumido y se convierten en excesos que difícilmente se pueden negociar con el proveedor original.

- Problemas de catalogación pueden ocasionar que un «SKU, stock keeping unit», unidad de mantenimiento de stock, o código de artículo o número de referencia por su denominación en castellano, permanezca inactivo por existir otro «SKU», con diferente denominación en el catálogo. Se replican así distintos códigos, para un mismo rubro en el inventario.

- Cuando piezas y repuestos en tránsito, no se controlan en el sistema, ante la presencia de un «stock out», es posible que se proceda a colocar un nuevo pedido u orden de compra «PO», que se vuelve redundante cuando ya se encuentra en el inventario mencionado.

Algunas empresas han decidido efectuar directamente la catalogación de los renglones nuevos en el inventario, tarea que puede exceder la capacidad de respuesta y que además puede verse limitada por la experiencia del talento humano vinculado, dada la amplitud de renglones a catalogar; talento muchas veces escaso en el mercado.

Ocasionalmente se suspenden proyectos; se corre entonces el riego de que se conviertan en excedentes por el tiempo transcurrido o por indicaciones de las revisorías fiscales, responsables de certificar los estados financieros que establecen que los bienes de capital «CAPEX» por su denominación en inglés, se conviertan en gastos operacionales y «OPEX» correspondientes al capital utilizado para mantener o mejorar los activos físicos de la Empresa como préstamos, propiedades y construcciones.

Mantener en inventario los excedentes, implica asumir costos como los siguientes, por mencionar algunos:

**Costos directos de almacenamiento**

**Costos fijos:**

- Personal.
- Vigilancia y seguridad.
- Cargas fiscales.
- Mantenimiento de la bodega.
- Reparaciones de la bodega.
- Alquileres.
- Amortización de la bodega.
- Amortización de estanterías y otros equipos de almacenamiento.

**Costos variables:**

- Servicios públicos: Energía, agua, etc.
- Mantenimiento de estanterías.
- Consumibles.
- Reparaciones (relacionadas con almacenamiento).
- Deterioros, pérdidas y degradación de materiales.
- Gastos financieros de stock.

## Costos directos de mantenimiento

- Costos fijos.
- Personal.
- Seguros.
- Amortización de equipos de mantenimiento.
- Amortización de equipos informáticos.
- Costos variables.
- Mantenimiento de equipo de mantenimiento.
- Mantenimiento de equipo informático.
- Reparaciones de equipos de mantenimiento.
- Comunicaciones.

## Costos indirectos de almacenamiento

- De administración e infraestructura.
- De formación y entrenamiento del personal.

## ¿Cómo mitigar la presencia de excedentes en el inventario?

- Los sobrantes de proyectos requieren una definición lo más rápida posible, sobre la necesidad de incorporarlos en el inventario o de declararlos como excedentes, para proceder a su colocación en el mercado con la consiguiente liberación de capital de trabajo, evitando de paso los costos «descritos previamente» de mantenerlos en bodega.
- Al adquirir repuestos, el no acordar al momento de la negociación original, una cláusula de pacto de recompra «Buy back, por su versión en inglés»; significará que intentarlo al cabo de los dos años o más, será un esfuerzo perdido porque en caso de lograrlo; las condiciones económicas serán desfavorables, comparadas con las que se hubieran logrado previamente al momento de perfeccionar la compra.
- En el caso de algunos «kits» de repuestos la práctica indica que no siempre es necesario reponer el «kit» en su totalidad; con la reposición de una de sus piezas sería suficiente y con un solo «kit» se podrían atender varias solicitudes de partes formuladas a la bodega.

- Los algoritmos de reposición del inventario, se deben revisar con la frecuencia debida, para revisar factores externos que pudieran afectarlo favorable o desfavorablemente.
- Cuando se presenta un cambio de contratista, por ejemplo, en un contrato de mantenimiento de la flota de vehículos de la Empresa, se debe haber previsto contractualmente que, terminado el contrato, el contratista debe asumir los repuestos existentes en inventarios con la correspondiente compensación a la Empresa, porque es muy posible que dichos repuestos no sean utilizados por el nuevo contratista y se conviertan en inactivos y más tarde en excedentes.
- Una pregunta que debe formularse la Empresa, es si debe continuar con la función de catalogación o si ésta debe desaparecer de manera gradual. ¿Por qué pensar en esta transición? Quien conoce los detalles y pormenores de una maquinaria, un equipo o un repuesto es el proveedor. Por qué no solicitarle como obligación contractual, al momento de generar la orden de compra, el suministro del Código de inventario, siguiendo una norma específica como por ejemplo el United Nations Standard Products and Services Code® « UNSPSC» o Código Estándar de Productos y Servicios de Naciones Unidas por su denominación en castellano; se trata de un sistema de cifrado que clasifica productos y servicios para fines comerciales a escala mundial y sobre el cual se debe estructurar una plataforma virtual de vitrina de materiales. El proveedor podría contribuir a reducir o a eliminar ía catalogación directa por parte de la Empresa.
- Verificar el inventario en tránsito, evitaría colocar una orden de compra redundante, que se podría convertir en un exceso por no haber tenido en cuenta que dicho inventario solucionaría el problema.
- En caso de decidir qué catalogar es una necesidad en la Empresa, debe centralizarse el proceso para que la aceptación y aprobación del código, tenga una aprobación única que busca evitar duplicidad en el catálogo.
- Es bien conocido el hecho estadístico de que agrupar los inventarios en menos lugares puede reducir sustancialmente las necesidades totales de «stock»; aunque el concepto de centralización es firme, cada vez se reconoce más que puede haber mayores beneficios no sólo centralizando físicamente las existencias, sino gestionándolas y controlándolas de

forma centralizada. Esta es la idea de las existencias «virtuales» o «electrónicas». Mediante el uso de la información la Empresa puede reducir la presencia de excedentes o sobrantes.

## La gestión de excedentes

Las medidas de mitigación mencionadas, no son lo suficientemente efectivas para reducir los excedentes a niveles razonables, lo que obliga a gestionarlos en dos ámbitos:

- **Interno**: corresponde a la identificación, control valoración y loteo de excedentes o excesos, procedentes de las distintas bodegas existentes en la Empresa.
- **Externo**: corresponde al proceso de disposición de los excedentes, que cubre distintas opciones que en el caso de un grupo de empresas, grupo empresarial o grupo industrial puede ir desde conceder una primera opción de adquisición, a cualquiera de las empresas de dicho grupo, pasando por la posibilidad de efectuar donaciones hasta la realización de subastas para la colocación de excedentes, con potenciales compradores o incluso la realización de ventas directas.
- La diversidad de actividades, interfaces, procesos asociados a la gestión de excedentes, implica que puede no ser eficiente manejarla internamente de manera directa y conjuntamente con otras actividades como parte de un rol dentro de Abastecimiento. La eficiencia de esta actividad, se puede ver afectada o limitada por la disponibilidad de recursos dedicados a esta función. La situación se complica, cuando los excedentes remanentes, por el tiempo transcurrido; se tornan de muy difícil o nula colocación en el mercado, dentro de su destinación técnica original.

## Impactos

- Los inventarios en su mayoría están ubicados en cuentas de capital de trabajo «working capital» y afectan indicadores de liquidez y rentabilidad de las compañías.
- Los costos de mantener estos materiales en buen estado son bastante onerosos, como se comentó anteriormente.
- Pérdidas por costos de oportunidad del dinero.

## Valoración de los excedentes

Antes de disponer de los excedentes, surge la necesidad de establecer su potencial valor en el mercado.

- El mecanismo más frecuentemente utilizado, en términos muy genéricos ha sido solicitar la realización de peritazgos o avalúos que establezcan un valor de referencia, bajo la consideración conocida por su nombre en inglés, como «as it is», en el estado que se encuentran. Sin embargo, los resultados no siempre reflejan correctamente la respuesta del mercado y al momento de ofrecer los bienes excedentes se obtienen precios inferiores a los establecidos por los peritos o avaluadores, quienes no comprometen su responsabilidad más allá de sugerir ajustes a los valores iniciales.
- Es mucho más práctico acudir a una firma internacional «cuando la naturaleza de los excedentes» lo amerite, experta en subastas que, con base en sus estadísticas de ventas recientes, que demuestran el comportamiento del mercado, tase el valor de los excedentes. Los valores así determinados, van a ser más cercanos, a la expectativa esperada de venta.
- El valor en libros puede convertirse en un limitante, cuando éste, es muy superior al valor esperado de la venta o disposición de los excedentes.
- Al momento de tomar la decisión de hacer una subasta, la Empresa establece un precio base que corresponde al precio mínimo, que está dispuesta a aceptar por un artículo. Si la puja no alcanza este precio, la Empresa no está obligada a vender el artículo. Algunas empresas proceden entonces a hacer una segunda y una tercera subasta y si no se obtienen los precios mínimos proceden a declarar «chatarra», los bienes subastados. Se desconoce que posiblemente estos bienes se están ofreciendo en un nicho de mercado que no es el adecuado porque en ese mercado local no existen interesados y al no buscar otro mercado como por ejemplo el internacional, se estaría causando un detrimento patrimonial, representado en el menoscabo o minusvalía del valor real del bien.

## Dimensiones operativas

En la parte operativa, la disposición de los excedentes contempla tres dimensiones así:

- **Política conjunta de ventas y préstamos**

    Aplicable a la empresa y a sus afiliadas e incluso a distintas empresas que estén decididas a compartir sus inventarios. Esta política deberá desarrollar en detalle temas como, por ejemplo:

    ➢ Aceptación de esta política, por la gerencia general de las empresas comprometidas.

    ➢ La valoración y su fórmula de cálculo deben establecerse de común acuerdo con base en un mercado específico por ejemplo Houston + el estimativo de costos logísticos - fletes marítimos, aéreos o terrestres - costos de operación portuaria, etc. Los precios se definirán por unidades estándar de medida (US $ / ft, kilogramos, pies / junta, etc.).

    ➢ Los costos de inspección, deben ser asumidos por el comprador.

    ➢ Los precios establecidos, deben ser autorizados por la gerencia de cada empresa.

    ➢ En caso de existir interés por un material de características técnicas iguales y que está en poder de dos o más de las empresas, debe hacerse una venta en igual proporción; a menos que haya acuerdo entre las empresas solicitantes para que una solo sea el proveedor.

    ➢ El comprador interesado tiene derecho a reservarlos durante un mes, mientras toma una decisión final de compra.

    ➢ Multas en caso de incumplimiento, por retorno del material en préstamo.

    ➢ Las ventas deben realizarse en zonas francas, para el caso en que los materiales presenten exenciones de impuestos.

    ➢ En caso que los materiales hayan sido declarados en libre disposición «nacionalizados», el lugar de despacho debe establecerse de común acuerdo entre las Partes.

➢ La responsabilidad en el transporte de los materiales, debe establecerse de común acuerdo entre las partes.

➢ El pago debe hacerse a 30 días, después de recibir la factura.

➢ La moneda de negociación de la transacción debe ser establecida de antemano por las Partes.

➢ Si la forma de pago debe ser en moneda local, se hará a la tasa representativa del mercado, correspondiente al día de pago.

- **Uso preferencial de excedentes, en proyectos de ingeniería**

Aunque no constituye la principal fuente de reducción de inventarios en exceso y obsoletos, si contribuye a su mitigación.

Dicho uso consiste en establecer como requisito para desarrollar un proyecto que las áreas de ingeniería de las empresas y por extensión sus consultores, deben consultar previamente los listados de materiales y repuestos obsoletos disponibles, antes de proceder con los diseños.

- **Venta directa de excedentes**

Comprende la selección de un contratista que acredite experiencia, en procesos de subastas electrónicas para:

➢ Revisar los listados de materiales y repuestos excedentes, sobrantes u obsoletos, con base en los tiempos mínimos que han estado disponibles en inventario, según los procedimientos correspondientes, por ejemplo 24 o 36 meses.

➢ Ensamblar los lotes más convenientes desde el punto de vista comercial.

➢ Establecer el valor comercial y el precio base de cada uno de los lotes a subastar.

> ➢ Definir la documentación requerida en el proceso de subasta.
> ➢ Gestionar el mercado de potenciales compradores.
> ➢ Realizar la convocatoria de mercado, atención de interesados, visitas de inspección y recepción de garantías.
> ➢ Coordinar la logística de visitas de potenciales compradores, en campo.
> ➢ Identificar la documentación requerida en la página Web, de la vitrina.
> ➢ Realizar la subasta.
> ➢ Coordinar el trámite y recibo de pagos.

**Fases en el desarrollo de las subastas**

Para llevar a cabo una adecuada gestión de baja de materiales y repuestos excedentes mediante el uso de subastas, se puede plantear un modelo a desarrollar en seis etapas:

- **Fase 1**: El proceso se inicia con la realización de inventarios físicos periódicos para confirmar las cantidades disponibles de materiales, además de su ubicación en patios y bodegas, calificando en lo posible las condiciones en las que se encuentran dichos materiales y si es necesario, marcando el material debidamente.

  Con base en el análisis de tiempo inactivo «predefinido por una política particular», se establecerá, cuáles materiales se han convertido en excedentes por:

  > ➢ Desactualización u obsolescencia técnica o funcional o
  > ➢ Por excesos, sin uso.

- **Fase 2**: Revisión de información, documentos y archivos de materiales y repuestos excedentes, sobrantes u obsoletos y cruce del listado de materiales y repuestos excedentes provenientes de bodegas y almacenes, con el listado de provisión del área contable.

  Conviene revalidar con los clientes internos la condición de excedentes que no tendrán utilización bien sea en la operación o en proyectos específicos, identificados en un período específico. Esta revalidación confirma la liberación de los materiales para su disposición.

- **Fase 3:** Consolidación de excedentes, sobrantes u obsoletos en bodegas estratégicamente ubicadas para facilitar el acceso de potenciales compradores y la gestión logística de la entrega posterior a los seleccionados.

- **Fase 4:** Aprobación del listado definitivo de dichos materiales y repuestos en las instancias requeridas.

A continuación, se arma un catálogo de los excedentes que permita contar con una herramienta adecuada para facilitar su disposición. Este catálogo debe suministrar una información fidedigna y actualizada del material. Dossiers; fotografías; información del fabricante; documentación de comercio exterior en el caso de materiales importados, etc., deben ser parte de este catálogo.

Esta labor también puede ser desarrollada por un tercero, en el caso de definir que éste responda por subastar los excedentes.

- **Fase 5:** Gestión del sondeo de mercado y de los procesos pre contractual y contractual, para seleccionar un contratista responsable por la realización de la subasta.

- **Fase 6:** Articulación de la subasta. El contratista seleccionado será responsable por:

  6.1 Conformar los lotes que por su afinidad generen interés comercial, pero al mismo tiempo permitan colocar en oferta, materiales que por sí solos no son atractivos; igualmente coordinará la logística de visita al sitio de las bodegas, por parte de los potenciales interesados.
  6.2 Perfeccionar la venta de los excedentes, sobrantes u obsoletos.
  6.3 Efectuar la logística para entregar en bodegas, los materiales y repuestos subastados. - acción de pesado de la «chatarra» y su cargue -

**6.4** Generar informes que permitan el registro contable de las recuperaciones por los excedentes subastados.

**6.5** Documentar y cerrar el proceso.

## Condiciones comerciales

- **Porcentaje**: Un elemento importante a definir. es la modalidad de remuneración que aplica en este tipo de servicios. Se trata en la mayoría de los casos, de una tarifa variable, representada en un porcentaje sobre el valor comercial total de la subasta.
- **Costos reembolsables**: Aplicables al reconocimiento de viajes del contratista a las bodegas de las empresas en las cuales se realice el acopio de los bienes, ubicadas por fuera de la sede regular del contratista para levantar el inventario «si aplica»; conformar lotes por categorías comerciales; efectuar registros fotográficos y coordinar visitas de los potenciales interesados, etc.

## Potenciales oferentes

Se requiere contar con un abanico de compañías, que esté en capacidad de colocar los excedentes en el mercado.

En una primera instancia, se identifica una «lista larga», de compañías potencialmente capaces de prestar este tipo de servicios, a ser revisada con sumo cuidado.

La aproximación al mercado para identificar esta lista larga puede realizarse mediante:

- Contactos con otras empresas que han utilizado este tipo de servicios.
- Referencias en la Empresa, de ejercicios anteriores de disposición de excedentes.
- Identificadas las compañías se envía un e - mail de preselección. Sus respuestas serán debidamente evaluadas para identificar cuáles serían las compañías que conformarían la «lista corta», en capacidad de prestar los mencionados servicios.

152

La compañía a seleccionar debe contar con personal familiarizado en el sector de la Empresa, con:

- El catálogo/ referencias de materiales y equipos.
- La elaboración de inventarios.
- ERP´s como SAP o plataformas similares.
- Conocimientos de comercio exterior y logística.
- Experiencia en la disposición de excedentes/manejo del medio.
- Conocimiento de la documentación, utilizada en la venta de excedentes.
- Destreza para manejar relaciones con clientes internos.

Adicionalmente como requisito para su participación en el proceso, las compañías deben acreditar una sólida y satisfactoria reputación desde el punto de vista de:

- Indicadores financieros.
- Tradición comercial.
- Excelente reputación en el medio.

**Vitrina de materiales**

La «vitrina de materiales» es una plataforma virtual de manejo de base de datos «sitio WEB» que permite almacenar, publicar y consultar la información sobre materiales excedentes de la Empresa. Los datos tienen que ver con ubicación, cantidades disponibles, «data sheets» certificados, registros fotográficos, entre otros según aplique.

La visión de una «vitrina de materiales», para gestionar excedentes puede ser la siguiente:

- Contar con un ambiente en el cual, se faciliten las transacciones comerciales de materiales excedentes o sobrantes de la Empresa, de forma tal que otras compañías del mismo grupo o del mismo sector económico, puedan satisfacer sus necesidades de operación y mantenimiento de manera oportuna, favoreciendo el desarrollo de los diversos proyectos y en consecuencia, contribuyendo además con la generación de valor para el país.

- Desarrollar una aplicación tecnológica que permita consolidar la información de los materiales sobrantes de la Empresa y además el acceso de potenciales clientes locales e internacionales, con el fin de ampliar la visibilidad de los inventarios sobrantes en el mercado, y permitir así la eficiencia en la disposición de excedentes y excesos en bodegas y almacenes.

## Objetivos generales

Pueden ser los siguientes:

- Crear visibilidad de inventarios excedentes o sobrantes de la Empresa, disponibles para empresas del mismo grupo o para terceros.
- Optimizar el nivel de inventarios de la Empresa, minimizando riesgos financieros y pérdida de valor en la disposición de activos.
- Permitir el acceso oportuno de empresas del grupo o de terceros. a materiales sobrantes, en casos de emergencia y / o para el desarrollo normal de operaciones.
- Crear el espacio para desplegar los materiales sobrantes, en el mercado internacional.

## Objetivos específicos

- Establecer un sistema estandarizado de información, que facilite la identificación de los materiales sobrantes.
- Desarrollar un sistema de manejo de bases de datos «web site», para almacenar la información estandarizada, que sea accesible a las empresas del grupo y a terceros.
- Desarrollar un programa de mitigación de riesgos.

**Enfoque recomendado para estructurar la vitrina de materiales y su operación**

**Sustento**

La vitrina debe sustentarse en dos componentes principales, relacionados con la definición de la plataforma:

- **Un sistema de gestión de información de inventarios**

  En el sistema debe confluir la información de los inventarios de materiales y repuestos excedentes de la Empresa. La aplicación debe diseñarse con el concurso de los expertos en gestión de inventarios y catalogación, para asegurar que se incluya la información requerida de cada rubro.

- **Estandarización del catálogo de activos y materiales en bodegas**

  ➢ La dificultad estriba en la multiplicidad de códigos con descripciones generales e incompletas que generan problemas con el reporte de movimientos y, por ende, con la toma de inventarios posteriores.
  ➢ Es posible que las descripciones se hayan venido acercando en los últimos años, sin embargo, es indispensable definir una estructura unificada del catálogo de materiales del sector; la determinación de un lenguaje único simplifica la adquisición y control de los materiales requeridos. Mientras esto no se logre, la estrategia no avanzará con el ritmo adecuado o incluso puede ver comprometido su objetivo. La catalogación debe desarrollarse de manera integrada con el sistema de gestión de información.

  Se entiende por catalogación la acción de describir, identificar, clasificar y codificar un material con base en la descripción de los distintos elementos

155

informativos, para poder identificarlo mediante un código, un nombre y una descripción.

## Indicadores de desempeño

Entendidos como la variable cualitativa o cuantitativa que representa la ocurrencia de un evento y se compara con un valor potencial dentro de una tendencia histórica.

A continuación, se mencionan diferentes indicadores de desempeño que deberían ponderarse y seleccionarse de acuerdo con las necesidades de cada empresa, teniendo presente que un número exagerado de indicadores, podría dar al traste con el objetivo primordial de controlar el funcionamiento de la vitrina y aplicar correctivos de ser necesario.

| No. | Nombre | Fórmula | Objetivo | Meta |
|---|---|---|---|---|
| 1 | % de participación de una empresa en la vitrina en número de renglones | No renglones de una empresa/No de renglones totales de la vitrina | Conocer como una empresa específica aporta a la vitrina en término de número de renglones | N/A |
| 2 | % de alineamiento de una empresa con el catálogo único | No de renglones de una empresa catalogados según **UNSPSC/No** de renglones que la empresa tiene en la vitrina | Conocer como una empresa específica satisface los requisitos de catalogación de Naciones Unidas | 100% |
| 3 | % de participación de una empresa en la vitrina en número de renglones por tipo de categoría | No renglones de una empresa por categoría/No de renglones totales por categoría en la vitrina | Conocer como una empresa participa en la vitrina en términos de renglones de una categoría | N/A |

| No. | Nombre | Fórmula | Objetivo | Meta |
|-----|--------|---------|----------|------|
| 4 | % de ventas de renglones de una empresa a otras empresas de la vitrina | No de renglones vendidos a empresas de la vitrina/sobre número de renglones aportados por una empresa a la vitrina | Conocer el comportamiento de una empresa bajo la modalidad de ventas | N/A |
| 5 | % de transferencia de renglones entre empresas de la Vitrina | No de renglones transferidos/sobre número de renglones aportados por una empresa a la vitrina | Conocer el comportamiento de una empresa bajo la modalidad de transferencias | N/A |
| 6 | % de préstamo de renglones de una empresa a otra empresa de la vitrina | No de renglones cedidos en préstamo/sobre número de renglones aportados por una empresa a la vitrina | Conocer el comportamiento de una empresa bajo la modalidad de préstamos | N/A |
| 7 | % de ventas directas de renglones a terceros diferentes a empresas de la vitrina | No de renglones vendidos a terceros /sobre número de renglones aportados por una empresa a la vitrina | Conocer el comportamiento de una empresa bajo la modalidad de ventas a terceros | N/A |

| No. | Nombre | Fórmula | Objetivo | Meta |
|---|---|---|---|---|
| 8 | % de ventas de renglones por subastas | No de renglones vendidos a través de subastas/sobre número de renglones aportados por una empresa a la vitrina | Conocer el comportamiento de una empresa bajo la modalidad de subastas | N/A |
| 9 | % de donación de renglones | No de renglones donados/sobre número de renglones aportados por una empresa a la vitrina | Conocer el comportamiento de una empresa bajo la modalidad de donaciones | N/A |
| 10 | % de participación en valor de una empresa en la vitrina del inventario | Valor del inventario de una empresa/valor del inventario de la vitrina | Conocer como una empresa específica aporta a la vitrina en términos de valor del inventario | N/A |
| 11 | % de participación en valor por tipo de categoría de una empresa en la vitrina | Valor del inventario por categoría de una empresa /valor del inventario por categoría en la vitrina | Conocer como una empresa participa en la vitrina en términos de valor del inventario por tipo de categoría | N/A |
| 12 | % de ventas de una empresa a otras empresas de la vitrina | Valor vendido a empresas de la Vitrina/valor aportado por una empresa a la vitrina | Conocer el comportamiento de una empresa bajo la modalidad de ventas | N/A |
| 13 | % de transferencia en valor entre | Valor transferido/valor aportado por una | Conocer el comportamiento de en términos de dinero de una empresa bajo la | N/A |

| No. | Nombre | Fórmula | Objetivo | Meta |
|---|---|---|---|---|
| | empresas de la vitrina | empresa a la vitrina | modalidad de transferencias | |
| 14 | % de préstamo en valor de una empresa a otra empresa de la vitrina | Valor cedido en préstamo/valor aportado por una empresa a la vitrina | Conocer el comportamiento de una empresa en términos de dinero bajo la modalidad de préstamos | N/A |
| 15 | % de ventas directas en valor a terceros diferentes a empresas de la vitrina | Valor vendido a terceros /valor aportado por una empresa a la vitrina | Conocer el comportamiento de una empresa en términos de dinero bajo la modalidad de ventas a terceros | N/A |
| 16 | % de ventas en valor por subastas | Valor vendido a través de subastas/ Valor aportado por una empresa a la vitrina | Conocer el comportamiento de una empresa en términos de dinero bajo la modalidad de subastas | N/A |
| 17 | % de donaciones en valor | Valor de donaciones /valor aportado por una empresa a la vitrina | Conocer el comportamiento de una empresa en términos de dinero bajo la modalidad de donaciones | N/A |

## Membresía

La operación y mantenimiento de la vitrina de materiales «que podría ser operada por un tercero», se puede desarrollar a través de la figura de una membresía.

La membresía cobija un grupo selecto de empresas del grupo, otras empresas del sector o potenciales proveedores que, a los ojos de

159

la Empresa, podrían estar interesados en recibir información sobre bienes: maquinaria, equipos, repuestos excedentes o sobrantes que les permitirían satisfacer necesidades para asegurar sus programas de operación y mantenimiento. Para efectos prácticos, el concepto se puede asimilar al de suscripción.

La membresía es un muy buen medio para acortar la distancia entre aquellas empresas que disponen de excedentes y aquellas que requieren a la mayor brevedad y muchas veces con sentido de urgencia, un determinado bien que de someterse a los ciclos normales de reposición, puede poner en riesgo las metas u objetivos de producción.

Los servicios prestados por el consultor seleccionado para operar y mantener la vitrina, deberán permitir por lo menos:

- Un lenguaje estándar de catalogación en la vitrina, que normalice y permita el manejo de la información y facilite la interacción entre las distintas empresas antes mencionadas.
- La integridad y oportunidad de los datos e información disponible en la vitrina.
- La optimización de la vitrina para permitir la identificación de: duplicados; taxonomías erradas; unidades de medidas no estandarizadas, etc.
- Identificar, describir e implantar nuevos grupos de materiales, segmentos, familias o clases que se requieran.
- Respaldar la generación oportuna de informes, estadísticas, indicadores de desempeño, resúmenes ejecutivos, etc.
- Información en línea de las transacciones realizadas, por los miembros de la membresía.
- Balance, actualización y control de la cantidad de materiales disponibles.
- Cargues masivos en la vitrina.
- Validar la información técnica, catálogos, registros fotográficos y otra documentación de los materiales que se despliegan en la vitrina.
- Identificar, desarrollar e implantar oportunidades de mejora en la vitrina.

- Soporte y asesoría técnica de materiales.
- Registro, control y seguimiento en la gestión de resolución de hallazgos que se presenten respecto a la funcionalidad de la vitrina.
- Actualización del manual operativo de la vitrina, cuando aplique.

# Gestión del cambio

## Nociones

Sobre este tópico, el lector con certeza encontrará otros textos que tocan el tema a profundidad. En este aparte, el énfasis se colocará en temas de Abastecimiento.

Tim Kring creador y escritor de la serie de televisión estadounidense «Touch» para la cadena Fox, en su capítulo « torbellino», coloca en la voz de uno de sus protagonistas, la siguiente reflexión sobre el cambio:

> Hay 31.530.000 segundos en un año, mil milisegundos en un segundo, un millón de microsegundos, mil millones de nanosegundos y la única constante conectando los nanosegundos para formar años, es el cambio.
>
> El universo desde el átomo a la galaxia, está en un estado de perpetuo cambio, pero a los humanos no nos gusta el cambio, lo combatimos nos da miedo, así que creamos la ilusión del «estatismo».
>
> Queremos vivir en un mundo detenido, en el mundo del ahora, pero la paradoja persiste, permanece igual, apenas nos apoderamos del ahora, ese ahora se ha ido.
>
> Nos aferramos a las fotografías, pero la vida es como una película, cada nanosegundo es diferente del anterior.
>
> El tiempo nos obliga a crecer, a adaptarnos porque cada vez que parpadeamos el mundo se mueve bajo nuestros pies.
>
> Cada día, cada momento, cada nanosegundo el mundo cambia, los electrones chocan entre ellos y reaccionan.
>
> La gente colisiona y alerta el camino del otro, el cambio no es

fácil; por lo general suele ser desgarrador y complicado.

Pero quizá eso sea bueno, porque es el cambio lo que nos fortalece, lo que nos da fuerza y nos enseña a evolucionar.

El cambio no tiene fin, no tiene forma ni estructura fija; es dinámico.

Es un proceso de evolución constante, que determina la solidez de nuestro horizonte, ayudándonos a percibir el entorno organizacional como un campo de fuerzas, un campo de tensiones concurrentes, favorables o adversas que requiere, en primer lugar, identificarlas y, acto seguido, elaborar y aplicar estrategias y tácticas creativas y suficientemente eficaces para conseguir el objetivo de la acción.

El pecado que se comete con frecuencia, es desconocer el impacto que una necesidad de cambio puede causar en los procesos de abastecimiento.

Las variabilidades en la gestión de cambio tienen que ver con:

- No contar en la Empresa, con un procedimiento para la gestión del cambio.
- No contar el talento humano en Abastecimiento, con las destrezas para precisar si la exigencia de un contratista es de carácter contractual o si se trata de un reclamo.
- Postergar en el tiempo el reconocimiento de un cambio y por consiguiente su gestión, con efectos negativos en el proceso correspondiente.
- No identificar todos los procesos, procedimientos, políticas y personas que pueden afectarse con el cambio.

Cuando confluyen el pecado mencionado y algunas de las variables mencionadas, la función Abastecimiento se ve impedida para agregar valor porque:

- No está en capacidad de determinar, si la modificación que se propone en un proceso de abastecimiento o en un contrato, constituye de hecho un cambio.

- Una vez que se ha identificado el cambio, no puede determinar oportunamente el nivel de revisión necesario, antes de llevar a cabo el cambio.
- No se discute con el personal apropiado para entender por completo, cómo se supone que funcionará el procedimiento del cambio y para asegurar que se han cubierto los elementos claves de la gestión del cambio.

Conviene buscar un símil que facilite dimensionar la génesis y evolución del cambio. El análisis del gráfico siguiente, denominado «eclipse del cambio» pretende hacerlo:

## Fase 1

El nuevo esquema es significativamente un modo distinto de vida.

El esquema anticuado, está aún vigente y genera un sentimiento de incomodidad.

En esta etapa la gente se siente amenazada y aprehensiva al acercarse la sombra del nuevo esquema.

## Fase 2

Al superponerse el nuevo esquema sobre el antiguo, las personas luchan por mantener este vivo, mientras tratan de acomodarse al nuevo.

Se requiere en esta fase, un apoyo decisivo de la gerencia para comprender como vivir en dos mundos.

## Fase 3

Se acepta el nuevo esquema, pero se añora el antiguo.

Los líderes de Abastecimiento deben perseverar sobre el esquema vigente en el futuro; sensibilizarse con las personas, reconfortándolas y apoyándolas.

Un ejemplo similar, más vistoso y espectacular es el número con dos trapecios del circo tradicional, en el cual participan al menos dos trapecistas uno en cada trapecio, de los cuales uno se balancea siempre boca abajo y el otro hace piruetas en el aire para ser recogido por el primero. La inercia del ejercicio permite al primer artista soltar el trapecio y recuperarlo en el recorrido de vuelta.

Las posibles reacciones al cambio, se observan en el siguiente gráfico:

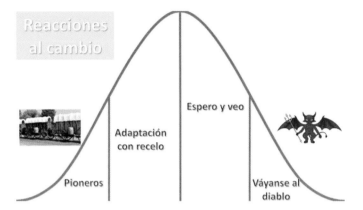

Los cambios en los procesos de Abastecimiento, si no se gestionan con propiedad, incluso los más sencillos, pueden tener consecuencias catastróficas.

El mayor reto de gestionar un cambio, es determinar si la modificación que se propone constituye de hecho, un cambio.

Una vez que se ha identificado el cambio, la tarea siguiente consiste en determinar el nivel de revisión necesario, antes de llevar a cabo el cambio.

El procedimiento para llevarlo a cabo debe discutirse con el personal apropiado, para entender por completo cómo se supone que funcionará y para asegurar que se han cubierto los elementos claves de la gestión del cambio.

El manejo del cambio en Abastecimiento debe abarcar los siguientes tópicos:

**Procedimiento**

Debe existir un procedimiento escrito para la autorización de un cambio; los procedimientos deben estar acordes con las directrices y estándares de Abastecimiento.

## Identificación

Debe existir un mecanismo claro para iniciar una autorización de cambio, incluyendo cambios de emergencia. Este mecanismo debe diferenciar los grandes cambios, de los cambios rutinarios.

## Precaución

Debe verificarse que el procedimiento de la gestión de cambio, se haya notificado al personal adecuado y que se haya puesto en marcha un programa apropiado de formación profesional.

Deben existir los medios necesarios para poder realizar un control o para obtener la aprobación de personal adicional para implantar los cambios.

## Descripción del cambio

La base técnica del cambio debe ser discutida. El impacto del cambio debe describirse con el detalle suficiente para establecer las revisiones que hagan falta. La utilización de croquis, gráficos y diagramas, facilitan el proceso.

- **Cambios temporales**

Para evitar que éstos se conviertan en permanentes, se debe especificar su duración, en términos de días o semanas, nunca en meses. Una vez que acaba el tiempo aprobado, el procedimiento debe exigir que se eliminen las modificaciones temporales y que el proceso vuelva a sus condiciones normales. Cuando el cambio se prolonga más de la cuenta o se vuelve permanente, debe contar con la autorización requerida.

- **Autorización**

Los procedimientos deben identificar aquellas personas que pueden autorizar un cambio. El nivel de autorización debe estar relacionado con los riesgos potenciales, más que con el nivel de inversión o la duración del cambio. El nivel de autorización y/o el número de autorizaciones, debe ser adecuado con los cambios que puedan tener un impacto mayor o que afecten más áreas de procesos.

- **Revisión de seguridad**

Todos los cambios deben poseer una fase de revisión del período de preparación previa. Cuando se trate de cambios que entrañen un bajo nivel de riesgo, es posible que no se requiera un procedimiento formalizado y sistemático de análisis de peligros de los procesos. Se debe llevar a cabo un análisis de riesgos para cualquier cambio que suponga una modificación de carácter técnico.

- **Formación**

Antes de llevar a cabo un cambio, todos los empleados afectados por el cambio deben recibir formación profesional. Cualquier cambio que implique modificaciones en los procedimientos de seguridad, operación, mantenimiento, debe incluirse en los programas de formación.

- **Documentación**

Normalmente la gestión del cambio suele documentar las exigencias claves y las autorizaciones necesarias para realizar el cambio. La visión del cambio, se plantea en los escenarios mostrados a continuación:

## Visión del cambio en tres etapas

I ¿Dónde estamos? escenario actual

Niveles actuales de desempeño y competitividad

II ¿Cómo podemos cambiar?

Estrategias de mejoramiento

III ¿Dónde queremos estar? escenario futuro

Objetivos y metas de desempeño y competitividad

## Resistencia al cambio

Cuando se habla del cambio es necesario desarrollar las destrezas para manejar las resistencias al mismo.

Rodrigo Salinas en su libro «Cambio y resistencia al cambio» publicado en marzo 20 del 2012, establece que:

Existe una condición universal: siempre que haya un esfuerzo de cambio, habrá resistencia; Esta puede ser causada por la necesidad de aprender cosas nuevas o de acabar con las viejas y familiares, o puede ser el resultado de la dinámica individual del temor de fracasar o de parecer tonto o inepto.

La reacción a la resistencia, suele ser enfado o frustración. Los que resisten son «los malos» y entonces la energía se orienta a corregirlos en lugar de buscar las causas de la resistencia y tratarlas con ecuanimidad. Resistencia es energía y energía es el activo que impulsa la máquina organizacional. La resistencia aparece generalmente como energía negativa y esto a su vez provoca energía negativa en la empresa que debe hacerle frente. O como ocurre a menudo, la estrategia de la Empresa es eliminar la energía negativa, suavizar las cosas; el resultado neto de esa estrategia es reducir la energía y con eso el activo que mueve el sistema.

Una estrategia eficaz, es aquella cuya meta es convertir la energía negativa en positiva y cambiar el equilibrio. Los planes de acción que tienden a producir mejores resultados son:

- Crear y plantear metas claras.
- Compartir la estrategia de cambio.
- Apreciar contribuciones de todos los niveles.
- Y recompensar el progreso de los equipos.

Una fórmula útil tomada de Beckard y Harris, para pensar en el proceso de resistencia es:

$$C = (A + B + D) > X$$

En la que:

| | |
|---|---|
| C = | Cambio |
| A = | Nivel de insatisfacción con el statu quo |
| B = | Deseabilidad del cambio propuesto o estado final |
| X = | «Costo de cambiar» |

Los factores A, B y D deben superar los costos previstos «X» para que haya cambio.

Si cualquier individuo o grupo cuyo compromiso se necesita, no está suficientemente insatisfecho con el estado actual de cosas «a»; ni ansioso de alcanzar el cambio propuesto «b»; ni convencido de su factibilidad «d»; entonces el costo «x» del cambio es demasiado alto y la persona o grupo opondrá resistencia.

La moral que reine en la Empresa, la atmósfera y las actitudes del personal, siempre influyen en la productividad y en la calidad de los procesos. Nunca esto es más cierto que en tiempos de grandes cambios. La inevitable ambigüedad, la confusión acerca de tareas y de autoridad y los mensajes aparentemente contradictorios casi aseguran que habrá a corto plazo una baja de la moral y tal vez de la motivación. Casi todos queremos que en nuestra vida haya algún orden. Cuando el orden desaparece, luchamos consciente o inconscientemente, por reemplazarlo por un nuevo orden.

Curiosamente incursionando en Internet, el autor encontró en el «Rincón del vago», un interesante esquema siguiente que contrasta las fuentes de resistencia al cambio en el orden individual y empresarial. Lamentablemente no le fue posible identificar su origen y su autor:

171

Knoster, T. Villa R. & Thousand J. en «A Framework for thinking about systems change (2000)», desarrolla un excelente análisis que combina 5 factores diferentes; eliminando en cada secuencia uno de ellos, para determinar qué efectos produce su carencia en el resultado final:

## Gestión compleja del cambio

Un ejemplo descrito muy esquemáticamente a continuación, para describir la gestión de un cambio en Abastecimiento, corresponde al de una empresa petrolera que decidió tercerizar algunos de sus procesos de compras.

Los dos esquemas siguientes se refieren al llamado enfoque estratégico dinámico, desarrollado por Charles L. Gay en su libro «La subcontratación de bienes y servicios. Una guía práctica para el manejo de los recursos estratégicos»:

## Enfoque estratégico dinámico

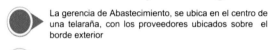
La gerencia de Abastecimiento, se ubica en el centro de una telaraña, con los proveedores ubicados sobre el borde exterior

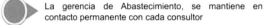
La gerencia de Abastecimiento, se mantiene en contacto permanente con cada consultor

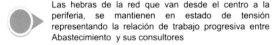
Las hebras de la red que van desde el centro a la periferia, se mantienen en estado de tensión representando la relación de trabajo progresiva entre Abastecimiento y sus consultores

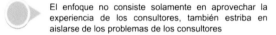
El enfoque no consiste solamente en aprovechar la experiencia de los consultores, también estriba en aislarse de los problemas de los consultores

Procurement Supply Chain Management

Los consultores trabajan con Abastecimiento, como asociados para ayudarla a desarrollar la función de compras

## Enfoque estratégico dinámico

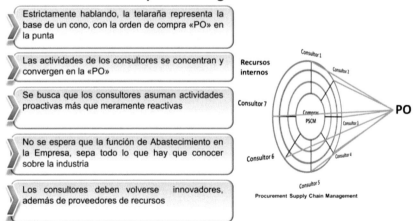

Estrictamente hablando, la telaraña representa la base de un cono, con la orden de compra «PO» en la punta

Las actividades de los consultores se concentran y convergen en la «PO»

Se busca que los consultores asuman actividades proactivas más que meramente reactivas

No se espera que la función de Abastecimiento en la Empresa, sepa todo lo que hay que conocer sobre la industria

Los consultores deben volverse innovadores, además de proveedores de recursos

La conveniencia de contar con un Consejo de Compras para regular las relaciones entre la Empresa y sus consultores, se observa a continuación:

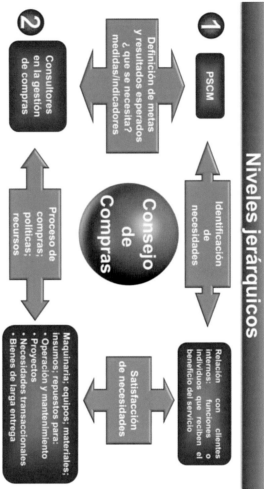

El decidir que una buena parte de la gestión de compras debía tercerizarse con consultores externos y no directamente, se centró en cuatro campos de acción:

- Acercamiento con un grupo de consultores.
- Revisión de las descripciones de los servicios.
- Diseño de planes de entrenamiento.
- Inducción a equipos sectoriales.

El desarrollo de los campos mencionados, es el siguiente:

174

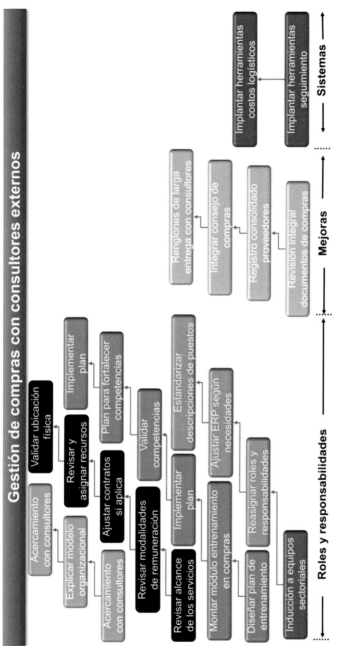

A continuación, se esquematizan algunas de las consideraciones más importantes, analizadas durante la gestión del cambio:

175

## Componentes principales de un proceso de gestión del cambio
## Efectuar la gestión de compras con consultores externos

### Descripción del cambio

- Transferencia de la función de Abastecimiento, a cada sector con el correspondiente desarrollo de competencias.
- Revisión conjunta con los consultores y los clientes internos de los alcances de los servicios para reflejar las condiciones vigentes, las lecciones aprendidas y acordar nuevos elementos como levantamiento de procesos, indicadores de desempeño y acuerdos de servicios.
- Integrar un Consejo de Compras con la participación de los consultores y de la Empresa para identificar y normalizar las mejores prácticas, analizar y poner en marcha oportunidades de mejoramiento, propiciar sinergias en el sector y fortalecer las competencias del talento humano involucradas en este tipo de servicios
- Aplicar la modalidad de remuneración de los servicios, acordada con los consultores

# Matriz de cambios

| | |
|---|---|
| IRO | Impacto si el Riesgo ocurre |
| POR | Probabilidad de ocurrencia del Riesgo |
| NV | Nivel de riesgo |
| M | Manejabilidad |
| NRVM | Nivel Riesgo vs. Manejabilidad |
| MDM | Manejabilidad después de mitigación |
| R | Responsable |
| CC | Consultor seleccionado |
| LS | Líderes de Sector PSCM |

| N o | Actividad asociada | Variabilidad | Como vamos a hacer | I R C | P O R | N V | M | N R V M | Medidas de mitigación | MDM R |
|---|---|---|---|---|---|---|---|---|---|---|

## 1 asegurar el talento Humano

| N o | Actividad asociada | Variabilidad | Como vamos a hacer | I R C | P O R | N V | M | N R V M | Medidas de mitigación | MDM R |
|---|---|---|---|---|---|---|---|---|---|---|
| 1 | 1.1 Recibir recuentos profesionales | No conseguir suficientes talentos disponibles en el mercado para llenar los perfiles de las posiciones más criticas | Autonomía del nuevo consultor | | | | | | Trabajar con consultor para sugerir candidatos si es necesario | C C |
| 2 | 1.1.1 Estudiar los CV´s | Proceso de selección en cabeza del consultor de compras y contratos | Autonomía del nuevo consultor | | | | | | Solicitar los recuentos de las posiciones claves | C C |
| 3 | 1.1.2 Efectuar entrevistas selectivas | Coordinar las entrevistas puede tomar demasiado tiempo | Coordinar presencia con el consultor seleccionado | | | | | | Ejercer presión para una pronta definición y participar en los foros de selección. | C C |
| 4 | 1.2 Acordar tarifas y rangos salariales | No estar dentro de los parámetros presupuestos por PSCM | Comparar oferta del consultor con presupuesto | | | | | | Revisión conjunta de la propuesta | C C |
| 5 | 1.3 Proceso de contratación | Identificar necesidades adicionales a las presupuestadas | Comparar el diseño propuesto con la oferta que presente el consultor | | | | | | Trabajo con líderes de sector para asegurar grupo requerido. | C C |

177

| No | Actividad asociada | Variabilidad | Como vamos a hacer | IRC | POR | NV | M | NRVM | Medidas de mitigación | MDM R |
|---|---|---|---|---|---|---|---|---|---|---|
| 2. Inventario calificado de actividades en proceso por sector y consultor ||||||||||||
| 6 | 2.1 Identificar procesos en ejecución incluyendo impacto y avance por sector y consultor de acuerdo con formulario adjunto | Olvidar incluir algunos procesos o que a la fecha de cierre del formato no se registren todos los procesos | Enviar formulario a cada consultor y cada Sector de PSCM debe colaborar confirmando la información del formulario | | | | | | Asignar un responsable por sector de PSCM responsable de la información consignada en el formulario | L S |

## Riesgos

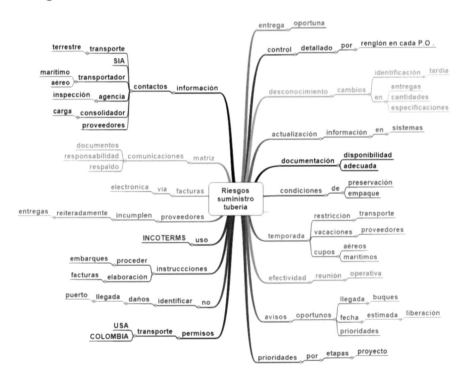

Para incrementar la eficiencia y efectividad de la gestión de contratos, se requiere categorizar los cambios de acuerdo con criterios que permitan determinar el grado de evaluación y planificación requeridas, para implantar un cambio en el ambiente vigente en la Empresa.

En la siguiente tabla se describen algunos componentes, que deben considerarse al analizar un cambio:

| | |
|---|---|
| **Cambio** | **Cualquier modificación, adición o sustracción a un proceso, equipo, instalación o estructura organizacional que difiere del diseño original.** |
| **Dueño del cambio** | Es la persona responsable dentro del grupo natural por la justificación, alcance, planeación y ejecución del cambio. |
| **Entidades afectadas** | Todas aquellas «personas, grupos, instalaciones, etc.» que a pesar de no ser clientes del Cambio se ven afectados por el resultado de éste. |
| **Equipo del cambio** | ➢ Es el grupo de trabajo que bajo la coordinación del Dueño del Cambio realiza la planeación del Cambio. Este equipo de trabajo debe estar conformado por:<br>• Gente que conoce el proceso que va a sufrir el cambio.<br>• Gente con experiencia en procesos de cambio, así carezca de conocimientos específicos del proceso a cambiar.<br>• Representantes de los clientes del cambio.<br>➢ Idealmente este grupo contará con las personas de las características descritas, de varios niveles y |

| | |
|---|---|
| | departamentos o divisiones, siempre que sus habilidades les permitan aportar al proceso. |
| **Prueba piloto** | Es una prueba del proceso de cambio, en una menor escala y en un ambiente controlado que permite extrapolar los resultados al ambiente total. Esta prueba permitirá identificar riesgos, dificultades, efectuar mediciones y ejercer controles. |
| **Clientes del cambio** | Son todos los involucrados directa o indirectamente en los resultados del proceso que está cambiando. En el proyecto es importante informar tanto a los clientes internos como a los externos. |
| **Grupo natural** | Es la integración de dos o más empleados que conforman una unidad organizacional específica. Son los pilares del desarrollo organizacional. Existen para desarrollar una serie de tareas que contribuyen a mejorar los procesos. |

Una manera de aproximarse a la valoración de un cambio, puede ser planear a manera de guía, una serie de criterios, como los siguientes:

- Complejidad del cambio,
- Costo.
- Dependencia del cambio.
- Facilidad de vuelta atrás.
- Impacto potencial del cambio.
- Riesgo potencial del cambio.
- Obligatoriedad.

La siguiente es una matriz desglosada por categorías, sugerida para analizar un cambio:

| Matriz de cambios/categorías | | | | | |
|---|---|---|---|---|---|
| Niveles de Impacto/ Característica | | 5 | 4 | 3 | 2 | 1 |
| 7 | Compleji-dad del cambio | Extremada-mente complejo de implan-tar | Com-plejo de implan-tar | Compleji-dad baja | Eventos cotidia-nos | |
| 6 | Costo del cambio | Requiere aprobación de la Alta Gerencia | Requiere aproba-ción del Gerente del Pro-yecto | Está cu-bierto en el presu-puesto del Plan de Mejora-miento | | |
| 5 | Depen-dencia del cambio | Afecta el nivel de servicios acordados /imagen de la Empresa | Es signi-ficativo para los clientes | Menor | Es nece-sario para reesta-blecer rápida-mente el servicio | Ninguna |
| 4 | Facilidad de vuelta atrás | Complejo e imposible | Esfuerzo significa-tivo | Mode-rado es-fuerzo | Rápida y efectiva | Resolver inmediata-mente un pro-blema |
| 3 | Impacto potencial del cambio | Todos los clientes del proyecto | Un gran número de clientes del pro-yecto | Un pe-queño grupo de clientes | Mínimo | |
| 2 | Riesgo po-tencial del cambio | Puede afectar severa-mente los servicios críticos o incluso los planes de contingen-cia del ne-gocio | Puede afectar los servi-cios críti-cos, pero los pla-nes de contin-gencia asegu-ran la continui-dad del | El cambio o uno similar ya ha sido implan-tado sin proble-mas anterior-mente | Ninguno | |

| Matriz de cambios/categorías | | | | | |
|---|---|---|---|---|---|
| Niveles de Impacto/ Característica | 5 | 4 | 3 | 2 | 1 |
| | | negocio | | | |
| 1 | Obligato-riedad | No discre-cional por exigencia guberna-mental | No discre-cional por exigen-cia de la Empresa | Obligará en un futuro | Discrecio-nal | |

A renglón seguido, se describe una calificación del nivel de impacto y guías de calificación:

- **Nivel de impacto 5.**

  ¿Se requieren recursos externos para su implantación?
  ¿Se requiere personal propio, de dedicación exclusiva que no podrá atender su carga básica de trabajo?
  ¿Se conocen experiencias similares de otras empresas o unidades de trabajo, con estructuras y responsabilidades similares?
  ¿Si no es discrecional, se han identificado factores que mitiguen la implantación? ¿Plazos adicionales de entidades de gobierno? ¿Contratación con terceros para nivelar cargas adicionales?
  ¿Es posible identificar directamente con los clientes internos, cuál es el impacto del cambio?
  ¿Afecta de manera sensible las proyecciones presupuestales?
  ¿Se requiere el concurso de consultores externos para su análisis?
  ¿El regresar a las condiciones originales, es impráctico y costoso?
  ¿El cambio tiene impacto a nivel regional?

- **Nivel de impacto 4**

  ¿Se puede manejar simultáneamente con las condiciones originales?

¿Extender la vigencia del contrato con el contratista actual?

¿Renegociar tarifas, por un tiempo prudencial?

¿Regresar a un contratista anterior?

¿Se puede manejar, contratando los servicios de ex - empleados de la Empresa?

¿Se puede manejar de manera análoga a cambios anteriores?

¿Económicamente, se puede asumir con traslados presupuestales?

- **Nivel de impacto 3**

¿Es un cambio que se ha venido dando en la práctica, solo necesita ser formalizado con la documentación adecuada?

¿Es posible concertar con los clientes afectados para minimizar los impactos al cambio?

¿El presupuesto no se afecta?

Para los impactos 2 y 1, las valoraciones no tienen tanta complejidad como las anteriores.

Como resultado de la identificación cruzada de características y niveles de impacto que permitan calificar un cambio en la matriz de categorías del cambio, se determina un puntaje aritmético que apunta a identificar un nivel de aprobación que, en casos particulares, puede estar sujeto a ajuste, al considerar otro tipo de factores de ocurrencia muy especial.

Se recomienda que la ponderación la realice un grupo de expertos de Abastecimiento y del cliente interno, para aminorar la subjetividad del proceso.

Para efectos de aprobación, se podría clasificar así:

Aprobación del cambio: Nivel de autorización

Junta Directiva    113 a 140

Gerente General:    85 a 112

Gerentes del Proyecto: 57 a 84

Gerentes de paquete/lideres de área: 29 a 56

Responsable directo:    0 a 28

Los siguientes son ejemplos específicos de este tipo de valoraciones:

Ejemplo No 1: Cambio del sistema de importaciones

| Niveles de Impacto/ Características | | 5 | 4 | 3 | 2 | 1 |
|---|---|---|---|---|---|---|
| 7 | Complejidad del cambio | Extremadamente complejo de implantar | Complejo de implantar | Complejidad baja | Eventos cotidianos | |
| 6 | Costo del cambio | Requiere Aprobación de la Alta Gerencia | Requiere Aprobación del Gerente del Proyecto | Está cubierto en el presupuesto del Plan de Mejoramiento | | |
| 5 | Dependencia del cambio | Afecta el nivel de servicios acordados /imagen de la Empresa | Es significativo para los clientes | Menor | Es necesario para reestablecer rápidamente el servicio | Ninguna |
| 4 | Facilidad de vuelta atrás | Compleja e imposible | Esfuerzo significativo | Moderado esfuerzo | Rápida y efectiva | Resolución inmediata de un problema |
| 3 | Impacto potencial del cambio | Todos los clientes del Proyecto | Un gran número de clientes del Proyecto | Un pequeño grupo de clientes | Mínimo | |

184

| Niveles de Impacto/ Características | 5 | 4 | 3 | 2 | 1 |
|---|---|---|---|---|---|
| 2 Riesgo potencial del cambio | Puede afectar severamente los servicios críticos o incluso los planes de contingencia del negocio | Puede afectar los servicios críticos, pero los planes de contingencia aseguran la continuidad del negocio | El cambio o uno similar ya ha sido implantado sin problemas anteriormente | Ninguno | |
| 1 Obligatoriedad | No discrecional por Exigencia gubernamental | No discrecional por exigencia de la empresa | Obligará en un futuro | Discrecional | |

| Niveles de Impacto/ Características | 5 | 4 | 3 | 2 | 1 |
|---|---|---|---|---|---|
| 7 | 35 | | | | |
| 6 | 30 | | | | |
| 5 | 25 | | | | |
| 4 | | 16 | | | |
| 3 | | | | | |
| 2 | 10 | | | | |
| 1 | | 4 | | | |
| Totales | 100 | 20 | | | |

# Ejemplo No 2: Implantación del sistema de captura de datos.

| Niveles de Impacto / Características | | 5 | 4 | 3 | 2 | 1 |
|---|---|---|---|---|---|---|
| 7 | Complejidad del cambio | Extremadamente complejo de implantar | Complejo de implantar | Complejidad baja | Eventos cotidianos | |
| 6 | Costo del cambio | Requiere Aprobación de la Alta Gerencia | Requiere Aprobación del Gerente del Proyecto | Está cubierto en el presupuesto del Plan de Mejoramiento | | |
| 5 | Dependencia del cambio | Afecta el nivel de servicios acordados /imagen de la Empresa | Es significativo para los clientes | Menor | Es necesario para reestablecer rápidamente el servicio | Ninguna |
| 4 | Facilidad de vuelta atrás | Complejo e imposible | Esfuerzo significativo | Moderado esfuerzo | Rápida y efectiva | Resolución inmediata de un problema |
| 3 | Impacto potencial del cambio | Todos los clientes del Proyecto | Un gran número de clientes del Proyecto | Un pequeño grupo de clientes | Mínimo | |
| 2 | Riesgo potencial del cambio | Puede afectar severamente los servicios críticos o incluso los planes de contingencia del negocio | Puede afectar los servicios críticos, pero los planes de contingencia aseguran la | El cambio o uno similar ya ha sido implantado sin problemas anteriormente | Ninguno | |

| Niveles de Impacto / Características | 5 | 4 | 3 | 2 | 1 |
|---|---|---|---|---|---|
| | | | continuidad del negocio | | |
| 1 | Obligatoriedad | No discrecional por Exigencia gubernamental | No discrecional por Exigencia de la empresa | Obligará en un futuro | Discrecional | |

| Niveles de Impacto/ Característica+ | 5 | 4 | 3 | 2 | 1 |
|---|---|---|---|---|---|
| 7 | | | 28 | | |
| 6 | | 30 | | | |
| 5 | | | 20 | | |
| 4 | | | | 8 | |
| 3 | | | 9 | | |
| 2 | | | 6 | | |
| 1 | | | | 2 | |
| Totales | 30 | 48 | 15 | 10 | |

Ejemplo No 3: Transporte terrestre de personal.

| Niveles de Impacto/ Características | 5 | 4 | 3 | 2 | 1 |
|---|---|---|---|---|---|
| 7 | Complejidad del cambio | Extremadamente complejo de implantar | Complejo de implantar | Complejidad baja | Eventos cotidianos | |
| 6 | Costo del cambio | Requiere Aprobación de la | Requiere Aprobación del Gerente | Está cubierto en el presupuesto del | | |

| Niveles de Impacto/ Características | | 5 | 4 | 3 | 2 | 1 |
|---|---|---|---|---|---|---|
| | | Alta Gerencia | del Proyecto | Plan de Mejoramiento | | |
| 5 | Dependencia del cambio | Afecta el nivel de servicios acordados /imagen de la Empresa | Es significativo para los clientes | Menor | Es necesario para reestablecer rápidamente el servicio | Ninguna |
| 4 | Facilidad de vuelta atrás | Complejo e imposible | Esfuerzo significativo | Moderado esfuerzo | Rápida y efectiva | Resolución inmediata de un problema |
| 3 | Impacto potencial del cambio | Todos los clientes del Proyecto | Un gran número de clientes del Proyecto | Un pequeño grupo de clientes | Mínimo | |
| 2 | Riesgo potencial del cambio | Puede afectar severamente los servicios críticos o incluso los planes de contingencia del negocio | Puede afectar los servicios críticos, pero los planes de contingencia aseguran la continuidad del negocio | El cambio o uno similar ya ha sido implantado sin problemas anteriormente | Ninguno | |
| 1 | Obligatoriedad | No discrecional por Exigencia gubernamental | No discrecional por Exigencia de la empresa | Obligará en un futuro | Discrecional | |

| Niveles de Impacto/ Característica+ | 5 | 4 | 3 | 2 | 1 |
|---|---|---|---|---|---|
| 7 | 35 | | | | |
| 6 | 30 | | | | |
| 5 | 25 | | | | |
| 4 | 20 | | | | |
| 3 | | 12 | | | |
| 2 | 10 | | | | |
| 1 | | 4 | | | |
| Totales | 120 | 16 | | | |

Dicen que ante un ataque de tiburones, Solo hay que golpearlos muy fuerte en el hocico ...

Por favor, ¡no falles!

## Decisiones

Los cambios en Abastecimiento, pueden surgir desde la etapa pre contractual y pueden responder a las siguientes interrogantes:

- Deficientes solicitudes de compras y contratación por parte de los clientes internos que presentan debilidades como las siguientes:

  ¿Descripciones de los servicios, incipientes, incompletas o deficientes?

  ¿Presupuestos genéricos, distantes de los desgloses que se solicitarán a los potenciales oferentes en sus ofertas económicas?

  ¿Criterios de evaluación técnica de ofertas subjetivos o académicos que no consultan la realidad de los servicios, y los cuales no han sido sometidos a sensibilidades para determinar su efectividad?

  ¿Criterios orientados a calificar tópicos que se omitieron en los documentos de solicitud de ofertas?

- Dentro de la función de Abastecimiento los cambios pueden responder a situaciones como las siguientes:

  ¿El manual de contratación de la Empresa no logra un sano equilibrio entre las exigencias jurídicas «que por supuesto no deben desconocerse porque protegen al ente contratante» y el desarrollo ágil y transparente del proceso de selección de contratistas y proveedores?

  ¿Se desconoce que los riesgos asociados a la prestación de los servicios, deben ser debidamente acordados por las Partes, independientemente de la habilidad que tengan para negociar?

  ¿No aceptar que las Partes Contratantes, están sujetas a la posibilidad de que alguna de las dos se equivoque?

  ¿No se identifican los puntos principales de fractura de los procesos?

¿El talento humano no cuenta con el entrenamiento requerido para sostener el crecimiento en Abastecimiento, generando así una contribución de «marca mayor» para la Empresa?

¿Inadecuada determinación de los plazos para desarrollar procesos de compras y contratación, dependiendo del riego, impacto y costo de cada uno?

¿Tratamiento escaso e insatisfactorio a las preguntas planteadas por los distintos oferentes, durante el proceso de elaboración de sus ofertas?

¿La estructura de costos solicitada a los oferentes para sus ofertas económicas, no se desglosa en sus componentes básicos como, por ejemplo: salarios, prestaciones sociales, costos administrativos o indirectos, costos de administración imprevistos y utilidad u honorarios?

¿Limitada pluralidad de ofertas, a pesar de los esfuerzos que debe hacer Abastecimiento para asegurar que las firmas invitadas, efectivamente presenten ofertas?

¿En los documentos de solicitud de ofertas, no se establece una clara diferencia, ente criterios de evaluación de ofertas y criterios de adjudicación?

¿Los equipos de evaluación de ofertas, se conforman extemporáneamente y sus miembros no tienen conocimiento previo del desarrollo del proceso, al cual han sido asignados?

Se hace caso omiso de la brecha existente, entre las calificaciones obtenidas por los oferentes durante la evaluación de ofertas «línea base» y el estado ideal en el que deberían estar, teniendo presente que:

¿El contratista seleccionado puede tener calificaciones muy bajas en aspectos que pueden ser importantes durante la ejecución del contrato, pero que se han visto nivelados por calificaciones muy altas en otros criterios de calificación; de esta manera pasan desapercibidos?

¿El contratista no es consciente del espacio de mejoramiento, que puede tener durante la ejecución del contrato?

¿Se pasa por alto la predisposición del contratista seleccionado en esta etapa del proceso a conceder espacios, para convertir las brechas mencionadas en un plan de mejoramiento que debe formar parte integrante del contrato, el cual debe estar sujeto a revisiones regulares, por ejemplo en las reuniones periódicas de desempeño?

- En la etapa contractual, los cambios pueden generarse por hechos como los siguientes:

¿No se definen con la debida anticipación los roles y responsabilidades del Gerente de Contrato, teniendo en consideración el tipo de riesgo, su impacto y monto del contrato?
¿Suscrito o perfeccionado el contrato con el oferente seleccionado, se pierde la oportunidad de retroalimentar a proveedores y contratistas no favorecidos, sobre la calidad, fortalezas y debilidades de sus ofertas, para permitirles ser más asertivos en futuros procesos?

Demora de la Empresa contratante en el cumplimiento de obligaciones contractuales, tales como:

¿Obtención de permisos y licencias?
¿Envío de nota de iniciación de los servicios?
¿Entrega de especificaciones técnicas y planos?
¿Entrega de instalaciones?
¿Entrega de equipos y maquinaria?

El plazo previsto en el cronograma para que el contratista seleccionado se movilice al sitio de prestación de los servicios o ejecución de la obra, «dados los desfases de las actividades previas», se recorta:

¿Obligando al contratista a movilizarse en plazos muy estrechos, y?
¿En ocasiones, a iniciar actividades sin contar con el personal y los equipos previstos inicialmente en su oferta?

¿Existe un entendimiento claro por parte del contratista de sus obligaciones y responsabilidades para evitar reclamos posteriores, usualmente por costos no cuantificados adecuadamente?

En algunas oportunidades, el cliente interno presiona para que el contratista se movilice al sitio sin haber perfeccionado el contrato; es decir sin haber aportado las pólizas y garantías exigidas contractualmente:

¿Los servicios y el personal asociado, quedan desprotegidos en la medida en que las pólizas y garantías se establecerán con posterioridad a la iniciación de los servicios o de la obra, y?

¿Las coberturas correspondientes no amparan los servicios u obra prestados y ejecutados, durante el tiempo transcurrido entre la fecha de iniciación y la fecha real de firma del contrato y suscripción de las pólizas y garantías?

La reunión de iniciación de las obras o de los servicios:

¿Se efectúa sin la penetración y alcance requeridos?
¿No intervienen los actores requeridos?

Se desconoce la transición que se da en el proceso, tanto dentro de la Empresa como en la organización del contratista; se presenta un cambio o transición en roles y responsabilidades «centro de gravedad»:

¿En la Empresa, del especialista de compras al gerente o administrador del contrato?
¿En el contratista, del personal que regularmente prepara las ofertas, al personal que realiza la gestión del contrato?

¿No se suscribe el acta de iniciación de los servicios/obra?

En términos de medición y pago:

¿No se cuenta con un documento mediante el cual contratista y contratante expresen o plasmen su acuerdo sobre los servicios recibidos o los trabajos ejecutados, durante un período, previamente acordado en el contrato?
¿No se ha acordado un mecanismo para facturar servicios prestados directamente por la Empresa contratante a sus contratistas; «débitos a terceros»?

¿No se lleva un registro preciso y detallado de los pagos, indispensable para asegurar el oportuno cierre y liquidación del contrato?

En términos de cambios y modificaciones de cantidades:

¿El estimativo de cantidades del cliente interno, se desvía de la realidad de la obra o servicio?
¿Los nuevos rubros, se negocian previamente a la ejecución de los trabajos?
¿Se pondera el impacto de la mayor estadía del contratista en el sitio, debido a mayores volúmenes de obra?
¿Se identifican adecuadamente los rubros de pago?
¿Dichos rubros se desagregan o desglosan con el mayor detalle posible?

En cuanto a demoras y prórrogas en los plazos límites:

¿Se desconocen los imprevistos como aquellos eventos fortuitos que ocurren cuando sucede algo inesperado y costoso, cuya naturaleza no es previsible y que no se pueden valorar con certeza?
¿No se advierten oportunamente las señales que anticipan una potencial demora en el plazo, entendido como el momento en que se fijó el cumplimiento de una obligación?

En el caso de prórrogas, se efectúan análisis suficientes y detallados para determinar si corresponden a cambios ocurridos durante el proceso de adjudicación y de los cuales, el adjudicado no tuvo conocimiento, ocasionados por demora de la Empresa contratante, en el cumplimiento de obligaciones contractuales, tales como:

¿Obtención de permisos y licencias?
¿Envío de nota de iniciación de los servicios?
¿Entrega de especificaciones técnicas y planos?
¿Entrega de instalaciones?
¿Entrega de equipos y maquinaria?

El ingeniero Carlos Suárez Salazar, en su libro «costo y tiempo en edificación» establece con bastante acierto, distintas contingencias que se transcriben a continuación:

Las contingencias imprevistas de fuerza mayor o caso fortuito obedecen a causas:

¿Naturales: terremotos; maremotos; inundaciones; rayos y sus consecuencias?
¿Económicas: cambio o implantación de nuevas prestaciones sociales; cargas impositivas y devaluaciones?
¿Humanas: guerra; motines; incendios; explosiones?

Las contingencias imprevistas por hechos de terceros a causas de:

¿Huelgas?
¿Paros?
¿Ataques de la guerrilla?
¿Restricción de jornadas normales de trabajo?

Las contingencias imprevistas a causas:

¿Naturales: prolongación de épocas de lluvia?
¿Humanas: errores en la estimación de cantidades; omisión de rubros de pago; grado de detalle de las especificaciones técnicas; omisión de detalles en los planos; errores en estimación de rendimientos; cambios al «diseño previsto»; faltantes al proyecto; adiciones al mismo; suspensiones de obra; estudios inexactos de mecánica de suelos?

¿Están preparados de manera adecuada los gerentes de contratos en primera instancia y los analistas de abastecimiento en algunos casos, para gestionar reclamos?
¿Se desperdician oportunidades, como la reunión de aclaración de ofertas para conocer de parte de los potenciales oferentes, inquietudes y preguntas cuya aclaración puede contribuir a delimitar mejor los alcances técnicos y las condiciones económicas de un servicio o un suministro?

¿Se dejan acumular equivocadamente, los reclamos para solucionarlos al final del contrato?

¿Se identifican de manera temprana, aquellos signos o señales, que permitirían anticipar una potencial situación de reclamo y así generar acciones preventivas para eliminar o al menos mitigar su impacto?

¿En el momento en que se presenta un reclamo, se dimensiona cuál puede ser su impacto y cobertura dentro de la Empresa?

¿Según el tipo de reclamo, se identifican las personas que deben integrar un equipo de trabajo para encarar su análisis, escenarios posibles de negociación y opciones a manejar según el desarrollo de la misma?

Cuando se trata del cierre y liquidación del contrato:

¿Es claro quién es responsable del cierre y liquidación del contrato?

¿Se tiene presente que el desorden durante el desarrollo del contrato, se traduce en documentación no disponible al momento del cierre, por ejemplo: acta de iniciación de los servicios?

¿Existe el riesgo de que los sistemas contables disponibles, no brinden información cierta sobre los costos del contrato y sea necesario conseguir la información en distintas fuentes?

¿Se evita que las actas de cierre y liquidación, se utilicen para efectuar transacciones por fuera del alcance original del contrato?

¿En contratos a largo plazo, se procede a efectuar conciliaciones parciales, que pueden ser del orden anual para facilitar el cierre final?

¿Se efectúa el cierre y liquidación del contrato, lo más próximo posible a la fecha de terminación del contrato, para evitar demoras innecesarias?

¿Se realizan oportunamente las retenciones contractuales?

¿Al momento de terminar el contrato, se solicitan las pólizas de seguros y garantías que contractualmente deben establecerse, porque cubren riesgos que continúan vigentes, especialmente en el caso de obras?

¿Se liberan en el ERP, los valores remanentes del contrato, no utilizados?

En relación con las evaluaciones de desempeño:

¿Estas se realizan en algunas áreas de la Empresa, de manera esporádica y sin un método homogéneo?

¿Reposan en distintos archivos, pero no existe un sistema integral que permita conocer el desempeño consolidado de un proveedor o contratista en particular?

¿Se realizan mucho tiempo después de concluido el servicio o recibido el suministro, desdibujándose la percepción del desempeño?

¿El proceso permite que el proveedor o contratista, retroalimente a su vez a la Empresa, sobre su desempeño en la relación contractual?

¿El proveedor o contratista conoce los resultados de la evaluación y en esa medida tiene posibilidad de poner en marcha oportunamente planes de mejoramiento?

¿Se cuenta con una metodología unificada para la evaluación?

¿Las evaluaciones de desempeño son realizadas por terceros que no han tenido contacto directo con la ejecución del contrato?

# Tertulias, reuniones sectoriales, foros electrónicos y ferias de formación

## Nociones

Dada la complejidad del proceso de abastecimiento y la presión que se recibe de los clientes internos para satisfacer sus necesidades de compras y contratación, es posible no disponer del tiempo o pasar por alto algunos temas que ameritan una revisión cuidadosa, y que pueden generar un impacto significativo en las actividades internas de la función que tienen que ver con la necesidad de fortalecer el conocimiento de sus funcionarios y con el de los clientes internos que tienen como responsabilidad gestionar los contratos.

Los tropiezos, obstáculos, discrepancias, vacíos, errores, obstáculos, dificultades, divergencias, no conformidades que se advierten en las tareas cotidianas, se quedan como experiencias desagradables o incómodas porque han puesto en riesgo los resultados esperados, generando mayores costos, dilatando los plazos, comprometiendo la calidad y afectando las metas y objetivos de la Empresa.

Para ser justos, estos actores también son testigos de mejoras, eficiencias, oportunidades, cambios, ajustes, modificaciones que agregan valor al suministro de bienes y a la prestación de servicios, brindando satisfacción a sus clientes internos.

Unos y otros pocas veces se registran y más que registrarlos, no se hace el esfuerzo para analizarlos y convertirlos en lecciones que pueden significar modificaciones y cambios positivos y significativos en las políticas; en los procesos; en los procedimientos y en los indicadores de gestión.

Las mismas razones esbozadas antes, también impiden o limitan modelos efectivos de acercamiento con proveedores y contratistas, buscando un tejido empresarial en permanente transformación, buscando una cambiante armonía mutua de metas, objetivos e intereses.

Es indispensable dejar de mirar por encima del hombro a proveedores y contratistas y mitigar y poner bajo control, las frecuentes relaciones de desigualdad, desbalance y desequilibrio de poderes.

Se requiere:

- Generar sinergia en la relación empresa – proveedores y contratistas.
- Fortalecer esquemas de confianza entre las Partes contratantes.
- Mejorar las percepciones para reforzar fortalezas, mitigar debilidades o poner en marcha planes de mejoramiento.
- Controlar posibles intereses antagónicos.
- Conocer a profundidad el mercado.

La práctica empresarial puesta en práctica desde Abastecimiento debe fortalecer el desempeño de proveedores y contratistas, mediante metodologías que impulsen el trabajo en equipo entre la Empresa y sus contratistas y proveedores para mejorar sus prácticas.

Se requiere que los nuevos proveedores se integren rápidamente, al ritmo de trabajo y políticas de Abastecimiento de la Empresa

En este capítulo, se busca desarrollar los rudimentos de 4 herramientas que podrían agregar valor en la gestión del conocimiento interno de la Empresa y en el relacionamiento con potenciales oferentes, contratistas y proveedores.

**Primera herramienta: tertulias**

**Definición**

Dícese de la reunión de varios profesionales preocupados por los macro procesos de selección de contratistas y de gestión de los contratos, en la cual se discuten temas comunes de la operación cotidiana de la función de Abastecimiento, para mejorar los procesos mencionados.

**Propósito**

El propósito de las tertulias es discutir las experiencias buenas y malas que los participantes han tenido en el desarrollo de sus roles y responsabilidades, con el fin de aportar nuevas ideas que permitan mejorar o modificar las prácticas existentes.

**Metodología**

Considerando que se trata de compartir y aportar experiencias y nuevas ideas y que participarán diferentes miembros de la Empresa, se plantea la siguiente metodología para su desarrollo:

- Se pretende que las tertulias se lleven a cabo en forma periódica cada mes; o antes, si los temas así lo ameritan.
- Sobre los temas que previamente se acuerden, se establecerá una programación de acuerdo con el interés de la mayoría de los participantes; para cada uno de los temas se nombrará un ponente.
- El ponente preparará el tema para la fecha programada, de tal forma que destaquen los aspectos que él considera de importancia; incluyendo ejemplos sobre experiencias que ha tenido su equipo. Dicha ponencia no podrá exceder de 30 minutos, con el objeto de que haya tiempo para la discusión y sus conclusiones.
- El ponente hará las presentaciones en forma personal o utilizando terceros «dentro de la Empresa» que puedan aportar su conocimiento o experiencias anteriores. El auditorio también deberá prepararse para cada una de las reuniones, con los temas programados de tal manera que pueden aportar y discutir sus conceptos o nuevas ideas.
- Igualmente, al momento de asignar los ponentes, se asignará un moderador para cada una de las reuniones quien tomará las notas y deberá escribir y distribuir las crónicas; obviamente estás deberán recibirse antes de la siguiente reunión, por parte de todos los inscritos en la tertulia asistentes o ausentes.
- Inicialmente se considera que únicamente deben asistir

empleados de la Empresa, ya que se tocan temas de interés solamente al interior de la organización. Posiblemente se programen reuniones, en las que se pueda contar con la participación de entes externos o empresas del mismo sector.

- El consenso general decidirá si las conclusiones a las cuales se llegue en el grupo, formarán parte de los procedimientos corporativos de la Empresa, o cómo será la aplicación para situaciones futuras.

**Segunda herramienta: reuniones sectoriales**

**Metodología**

- Se define una línea de servicio para buscar uniformidad y la percepción de sus necesidades y requerimientos.
- Se cita un grupo de por lo menos 10 contratistas, buscando la participación del representante de más alta jerarquía directamente involucrado en la prestación de los servicios.
- Se espera que esta información se divulgue internamente en cascada, y en las organizaciones de los contratistas.

Presentación por parte de la Empresa de temas de interés mutuo tales como

- La Empresa como organización.
- Contrato de desempeño.
- Políticas de ética y HSE.
- Una inducción a nuevas metodologías, en el área de Abastecimiento.
- Un espacio para compartir lecciones aprendidas.

**Percepciones por parte de los contratistas en temas como:**

- Entendimiento por parte de los contratistas del mercado nacional e internacional y sus oportunidades.
- Cómo se ve la Empresa: desde la óptica de los contratistas; qué esperan éstos de la empresa.
- Cómo pueden ayudar los contratistas, a estrechar las relaciones con la Empresa.

- Cómo se ven afectados los contratistas de manera directa o indirecta, por la manera como la Empresa desarrolla sus operaciones.
- Los objetivos del contratista son comunes o tienen los objetivos trazados por la Empresa (contrato de desempeño).
- Qué puede hacer la Empresa para lograr estimular el mejoramiento continuo por parte de los contratistas.
- Lluvia de ideas o mapas mentales «espacio abierto al análisis».

**Resultados del ejercicio**

- Se definirán acciones a tomar por parte de la Empresa y/o de los contratistas.
- Dichas acciones se consolidarán y se les hará seguimiento durante el siguiente período.
- La siguiente reunión programada semestralmente, se iniciará con la evaluación de las acciones identificadas en la reunión anterior.

**Recomendación**

La Empresa identificará un punto de contacto con quién los contratistas pueden centralizar todos sus comentarios y sugerencias tendientes a mejorar a mejorar sus servicios y relaciones.

**Participantes**

- Los contratistas.
- Los gerentes de contratos.
- Abastecimiento.
- Representante de HSE.
- Otro según se requiera.

**¿Cómo definir un piloto?**

Sector caracterizado por:

- Contratos estratégicos de alto riesgo y alto valor, ligados con

el núcleo del negocio a largo plazo.
- Incluir contratos, bajo la modalidad de Alianza.
- Número apreciable de contratistas: 10 o más.
- Afinidad en la línea o tipo de servicios.

## Tercera herramienta: foros electrónicos

Internet se ha configurado como un instrumento de gran valor y utilidad. A través de él, es posible desarrollar ciertas actividades, poner en marcha mecanismos de colaboración entre diferentes colectivos, sin barreras geográficas y temporales, las cuales pueden superarse fácilmente.

Dentro de las herramientas disponibles en Internet, tales como el correo electrónico, los chats, las videoconferencias, las páginas web, los blogs, los browsers, entre otras; el foro electrónico es un espacio de comunicación formado por cuadros de diálogo para discutir temas específicos, en este caso sobre selección de contratistas o gestión de contratos, por parte de grupos de interés, tales como clientes internos, proveedores y contratistas que comparten intereses comunes y están dispuestos a interactuar mediante el intercambio de conceptos, opiniones, ideas, comentarios, desarrollos, teorías, y especialmente experiencias, enviando y recibiendo mensajes visibles para los participantes y eventualmente para el público general.

Podría hablarse entonces de foros, enfocados específicamente en la gestión del conocimiento en Abastecimiento.

Cada vez más este tipo de foros, se configura como una poderosa herramienta de comunicación y trabajo colaborativo. El espacio de trabajo y diálogo que allí se promueve potencializa la participación de una forma reflexiva, frente a otras herramientas de comunicación.

## Perspectiva educativa

El foro *per se* no es educativo; desde una perspectiva académica, el uso que se le dé, es lo que podría darle un carácter didáctico.

La finalidad comunicativa del foro es servir como un instrumento de vinculación, interacción y retroalimentación de los participantes, ajeno totalmente e independiente de la plataforma tecnológica que se quiera utilizar.

Es decir, se enfoca en el diseño pedagógico y uso didáctico del foro, dando relevancia a aspectos comunicativos de gran valor en un proceso formativo y pedagógico.

El foro puede cumplir las siguientes funciones:

### Intercambio de información

Podría decirse que su función básica y fundamental es constituirse en un espacio para intercambiar experiencias, en un proceso de doble vía, donde recíprocamente las partes aprenden de las experiencias de los otros.

### Controversia, diálogo y comunicación

El simple intercambio de información puede dar lugar a un trabajo reflexivo, de diálogo y discusión. Cada participante al aportar sus propias experiencias, está en libertad de argumentar y sustentar sus respuestas o sus reflexiones. Se genera así un aprendizaje colaborativo que enriquece la experiencia y el conocimiento de todos.

### Ambiente de socialización

El entorno del foro puede generar cierto relacionamiento social entre los participantes, que se manifiesta en códigos de respeto, en las relaciones personales, saludos, bromas, expresiones de confianza, compromiso con los temas confidenciales, comentarios de manera más franca y abierta, fortaleciendo de cierta manera un nivel de «comportamiento comunitario» que se consolidará en la medida en que la continuidad del foro, se proyecte en el tiempo.

### Trabajo y gestión del conocimiento

Los diferentes aportes de carácter individual o grupal deben registrase por escrito para futuras referencias. Esta condición hace que dichos aportes o contribuciones ameriten más reflexión y cuidado en su expresión, asegurando una mayor calidad de los resultados del proceso. Un valor agregado del foro debería ser articular un banco de datos y de mejores prácticas

## Pautas y normas

El foro será altamente efectivo en la medida en que previamente, se definan claramente las reglas de operación o conjunto de disposiciones que delimiten la forma de operar del foro, con el propósito de lograr los niveles esperados de eficacia, eficiencia, equidad y transparencia. Se evitarán así dificultades posteriores.

Por esto es conveniente definir:

- Si se trata de una participación voluntaria o por el contrario, es una exigencia obligatoria en el desarrollo de un proceso de capacitación o entrenamiento.
- El número mínimo de veces en que debe intervenir cada participante y las condiciones establecidas para participar.
- Los criterios bajo los cuales, se evaluará la participación en el foro.
- La duración: plazos para la apertura y cierre del foro.
- Cómo utilizarlo para promover comunidades técnicas que vayan más allá del foro propiamente dicho, dedicadas a trabajar en temáticas específicas de Abastecimiento.
- La selección de un moderador cobra un papel de gran relevancia y será parte del éxito del foro, en la medida en que conozca a profundidad el tópico principal del foro, pues es el llamado a reconducir, hacer reflexionar y recomendar nuevas orientaciones Esta persona debe disponer del tiempo necesario para leer los mensajes cruzados entre los participantes, con el fin de orientar el debate en caso de ser necesario y además hacer aportes que enriquezcan la discusión.
- La bibliografía que contribuya a la formulación de argumentos y al desarrollo de las habilidades argumentativas de los estudiantes y su expresión escrita.
- La destreza que debe tener en ciertos casos el moderador, para percibir en los participantes su capacidad de: manejo del idioma, capacidad de expresión escrita,

comportamiento, valores y diferencias individuales, entre otros.

## Comportamiento esperado de los participantes

Se espera que la buena conducta de los participantes se manifieste en:

- Respeto hacia la comunidad del foro y a sus aportes.
- Revisar y comentar con respeto, los contenidos de los demás y expresar con seriedad y rigurosidad, los propios.
- No circular temas sensibles, confidenciales o personales.

Los aportes deberían hacerse bajo las siguientes consideraciones:

- Expuestos de manera sencilla, clara y ordenada.
- Medidos y ponderados en su extensión.
- Que no se excedan en su densidad y detalles y por lo tanto sobrecarguen el espacio de comunicación del foro, con informaciones o conversaciones innecesarias que no aportan nada al tópico tratado.

## Cuarta herramienta: ferias de formación

## El concepto de feria de formación como herramienta útil de aprendizaje

Una feria de formación es un evento de aprendizaje que ofrece la oportunidad a los empleados o colaboradores, de elegir entre una selección de módulos de capacitación, cortos y enfocados para mejorar sus habilidades y conocimientos.

Los módulos, generalmente de 2 o 3 horas cada uno, están diseñados para abordar las necesidades particulares de aprendizaje de la Empresa, sus unidades de negocio o filiales.

Organizar módulos cortos minimizará la interrupción de las apretadas agendas de los colaboradores; limitar la feria a una semana es una forma rentable de ofrecer esta forma de aprendizaje, así como de crear la sensación de que es un evento que ocurre en las instalaciones de la Empresa.

Además de contribuir al cumplimiento de los objetivos corporativos, la organización de los módulos por bloques, constituye un elemento valioso para el desarrollo individual. Son una herramienta adecuada para confrontar al personal con nuevas habilidades, refrescar conocimientos y reforzar la conciencia sobre el entorno comercial de la Empresa.

Su objetivo es proporcionar un desarrollo de habilidades reales además de nuevos conocimientos; no son meras muestras de programas más largos. Para algunos, un módulo en particular puede ser todo lo que necesitan saber sobre el tema; para otros servirá de punto de entrada a un aprendizaje más profundo.

El énfasis es proporcionar, a través del diseño cuidadoso del módulo, una experiencia interactiva que les brinde a las personas nuevos conocimientos y herramientas o habilidades para un mejor desempeño; es sorprendente lo que se puede lograr en 3 horas.

La capacitación no es la respuesta a todos los problemas de aprendizaje de la Empresa, pero ocupa su espacio entre la gama de herramientas y procesos disponibles, para brindar capacitación y entrenamiento de manera relevante.

**Módulos de la feria de capacitación**

Los módulos en estas ferias de formación, pueden abarcar distintas áreas:

- Conocimientos básicos en Abastecimiento.
- Elaboración de descripciones de servicios o especificaciones técnicas.
- Selección de estructuras de costos y elaboración de presupuestos.
- Configuración de fórmulas de reajuste.
- Determinación de criterios de evaluación de ofertas.
- Determinación de criterios de adjudicación de contratos u órdenes de compras.
- Metodologías para:

  ➢ Elaborar sondeos de mercado.

- ➢ Segmentar los bienes y servicios por categorías.
- ➢ Elaborar estrategias de Abastecimiento.
- ➢ Articular indicadores de desempeño.
- ➢ Definir las competencias y destrezas requeridas por el personal de Abastecimiento.
- ➢ Determinar los riesgos asociados a la prestación de un servicio, o al suministro de un bien.
- ➢ Gestionar reclamos y negociar.
- Conocimiento y aplicación adecuados, de Incoterms.
- Conocimientos jurídicos, para no abogados.
- Pólizas de seguro y garantías.
- Riesgos de fraude, soborno y lavado de activos en Abastecimiento.
- Características de un contratista o proveedor, desde el punto de financiero.
- Herramientas colaborativas.
- Evaluación de desempeño de proveedores y contratistas.

La presentación de los módulos se debe apoyar en la combinación de conferencistas de la Empresa y externos; la mayoría de los cuales debe tener una idea clara del concepto de feria de formación, el estilo de diseño y su entrega.

**Diseño del módulo**

Los módulos exitosos, son aquellos que incluyen:

- Buena introducción «incluidos objetivos y esquema», que aterrice las expectativas.
- Utilización de diapositivas claras.
- Estudios de casos / ejemplos para mostrar cómo se puede aplicar el modelo o las habilidades estudiadas.
- Ejercicio: donde las personas puedan descubrir conceptos o practicar habilidades «grupales, individuales, juegos de roles, etc.».
- Folletos: de buena calidad que contengan los textos, diapositivas, ejemplos y tarjetas plásticas a manera de recordatorio, para reforzar los mensajes clave.
- Buen cierre que brinde a los asistentes los puntos clave y despierte su interés en aplicarlos.

A continuación, se ofrece un ejemplo del esquema de un módulo de la feria de formación.

## Esquema del módulo de referenciación comparativa

| | |
|---|---|
| ¿Por qué referenciación comparativa? | Mapas mentales o tormenta de ideas |
| | Entrada de datos o información |
| ¿De qué se trata la referenciación comparativa? | Ejercicio |
| | Entrada de datos o información |
| Algunos ejemplos | Entrada de datos o información |
| ¿Cuáles son las competencias requeridas? | Mapas mentales o tormenta de ideas |
| | Ejercicios (competencias) |
| ¿Cómo funciona la referenciación comparativa? | Mapas mentales o tormenta de ideas |
| | Entrada de datos o información |
| ¿Qué pasa con mis redes de referenciación comparativa? | Cierre |

**Organización de la feria de formación**

Organizar y poner en marcha ferias de formación, requiere una buena planeación e involucra ciertos picos de actividad, a medida que las personas responden a la publicidad y se nominan a los módulos; puede ocurrir también que, durante la misma semana, puedan presentarse numerosos módulos en ejecución.

Por esta razón es conveniente que se cuente con un equipo de trabajo «generalmente a tiempo parcial», bien vinculado a los interesados en la Empresa.

Se sugiere ir recolectando poco a poco el material de los módulos para ahorrar tiempo en la organización de futuras ferias para las cuales se disponga en su momento, por ejemplo: presentaciones en Power Point, hojas de cálculo, formularios electrónicos de solicitudes, hojas de comentarios, ejemplos de descripciones de módulos, etc.

**Decisiones**

Las siguientes decisiones deben evaluarse selectivamente para definir en cuál de las herramientas mencionadas, tienen aplicación:

## Sincronización

¿Se evita programar los eventos en la mañana y los viernes en la tarde?
¿Se inicia el evento a partir de las 9:30 y termina a las 5 p.m.?
¿Se intenta evitar otras iniciativas simultáneas con el evento o, con períodos en la Empresa con elevadas cargas de trabajo para los involucrados?
¿Se evita programar los eventos, en temporada de vacaciones?

## Recursos

¿Se organiza un equipo, que sea responsable de organizar el evento?
¿Se ha organizado una red con gerentes y personal directivo para conocer necesidades y expectativas que surgen con ocasión del evento?
¿Se ha extendido invitación a otras filiales de la Empresa o a compañías, con las cuales existen lazos comerciales o técnicos?

## Concepto

¿Se asegura que todos entiendan el concepto del evento?
¿Se han diseñado y preparado con antelación, pendones y carteles para publicitar el evento?

## Mercadotecnia

¿Las fechas seleccionadas para el evento se han anunciado con la debida anticipación «2 meses o más»?
¿Se envían recordatorios a los participantes, la semana anterior?

## Lugares

¿Se utilizan salones de tamaño mediano, preferiblemente con luz natural?
¿Se evita organizar el salón, al estilo de mesa de juntas?
¿Se prefiere un grupo de 15 o 20 asistentes que la experiencia ha mostrado que funciona mejor?

¿En el caso de entrenamiento en TI, en horas de la tarde, se asegura que no se haga en un salón oscuro?

## Otras actividades

¿Se configuran las necesidades y expectativas de los clientes internos?

¿Se planifican el programa del evento y el presupuesto correspondiente?

¿Se identifican y confirman los conferencistas «internos y externos»?

¿Está definido el contenido del módulo y se asegura que los conferencistas, no redunden o repitan los temas?

¿Están confirmados los salones y equipos?

¿Se han enviado las invitaciones, gestionado reservas hoteleras para personas que participen en el evento y provengan de otras ciudades?

¿Se cuenta con una persona de la alta gerencia, invitada a efectuar la apertura y el cierre del evento?

¿Se registran las lecciones aprendidas?

# Historias de éxito

## Nociones

Las empresas, especialmente las multinacionales y los entes gremiales y asociaciones del orden internacional, suelen desarrollar procesos periódicos de reconocimiento público que buscan distinguir a un empleado, a un profesional, a un contratista o a un proveedor en el campo de su experiencia, pericia o experticia por un desempeño excepcional «logros y éxitos», que amerita ser reconocido y destacado con el otorgamiento de diversos premios, galardones o recompensas.

Esta práctica no es extraña a las funciones de Abastecimiento y al igual que las empresas, los gremios, y las asociaciones está en capacidad de identificar profesionales, proveedores y contratistas que inspiran y motivan la búsqueda de mejores horizontes y que con su esfuerzo y dedicación, enseñan que las metas más exigentes son cumplibles.

Las historias de estas personas constituyen un flujo estimulante de narración creado por los mismos miedos, diferentes desafíos y objetivos ambiciosos. Tienen realmente un impacto en términos de soluciones concretas y valores atractivos en la mentalidad corporativa del abastecimiento. Todas estas historias dan una idea poderosa de la conveniencia de convertir en competitivas, las cadenas de Abastecimiento, a través de los lentes de la sostenibilidad.

Generalmente se establecen distintas categorías, a las cuales los interesados pueden postularse de manera:

*   **Individual:** reconoce a la persona que se destaca por lograr trasformaciones que generan cambios significativos, impactos positivos y agregación de valor, rompiendo paradigmas, cambiando comportamientos, estableciendo nuevos modelos en la gestión del Abastecimiento.

- **Grupal: s**e apoya en reconocer la solidaridad como valor necesario para trabajar en equipo, con el fin de lograr resultados incrementales en los emprendimientos de Abastecimiento. Son mujeres y hombres que trabajando en equipo luchan por sus sueños corporativos, construyendo cotidianamente nuevas oportunidades para asegurar la sostenibilidad de los procesos de Abastecimiento.

En el caso de contratistas y proveedores, los reconocimientos pueden armonizarse, por los distintos tipos de especialidades.

El proceso puede partir desde los esquemas más sencillos que solicitan a los postulantes, información básica como, por ejemplo:

- ¿Indique cuál era su reto?:
- Cuente su historia:
- ¿Qué han logrado?:
- ¿Cuáles fueron las lecciones aprendidas y cuáles consejos se derivan?

En procesos de mayor complejidad, es posible solicitar a los postulantes mayor información y detalles. A continuación, se hace referencia a la información que, dependiendo del tipo de reconocimiento, distintas empresas, institutos o asociaciones, solicitan en las postulaciones.

**Instituto internacional**

Un reconocido instituto internacional en su calidad de organismo profesional global que trabaja para profesionalizar el Abastecimiento, con el objetivo de liderar la excelencia en adquisiciones y suministros, promover las buenas prácticas y proporcionar servicios en beneficio de una comunidad de Abastecimiento, establece las siguientes consideraciones para su proceso de reconocimiento:

**Categorías para reconocimiento de equipos:**

- Mejor contribución a la responsabilidad corporativa. «ético, social, ambiental, etc.»

- Mejor proyecto de trabajo en equipo multifuncional
- La mejor iniciativa de desarrollo del talento humano.
- La mejor iniciativa en el mejoramiento de procesos.

**La mejor colaboración entre la Empresa y sus proveedores o contratistas:**

- La mejor iniciativa de compra o contratación por parte de una organización más pequeña.
- Mejor proyecto de contratación pública.
- El mejor uso de la tecnología.
- Mejora sensible en una operación de compra o contratación: puesta en marcha
- Mejora sensible en una operación de compra o contratación: Cambio radical.
- Proyecto de compra internacional del año.

**Categorías para reconocimientos individuales:**

- Profesional de Abastecimiento del año; categoría abierta a todos los miembros del instituto, independientemente del grado de membresía.
- Profesional de Abastecimiento del año; categoría abierta a todos los miembros del instituto, independientemente del grado, con 30 años o menos, al momento de iniciar el proyecto o iniciativa.

El instituto se reserva el derecho de utilizar las postulaciones preseleccionadas y las ganadoras, como casos de estudio en sus esfuerzos por promover y desarrollar altos estándares de habilidad profesional, habilidad e integridad entre todos aquellos, involucrados en la gestión de compras y cadena de Abastecimiento.

Sin embargo, la información confidencial, no se divulga al dominio público.

**Sector petrolero**

Al reconocer la importancia de las personas para el rendimiento general del grupo, los premios de esta empresa del sector petrolero celebran los equipos de proyecto que marcan una diferencia real al poner en práctica los valores de la marca. Cada año la empresa que los asesora crea el tema general, aportando una estrategia creativa y un conjunto de herramientas de diseño para el lanzamiento, además de ofrecer apoyo continuo durante la campaña que dura unos 9 meses. Trabajando en diferentes medios y coordinando con las compañías de producción de películas y eventos, la empresa asesora se asegura de que las personas se inspiren para participar año tras año, que las postulaciones y los ganadores se celebren en cada etapa de la evaluación y que el tema se comunique constantemente en todo momento.

La información para los procesos de reconocimiento a nivel mundial, puede ser del siguiente tenor:

La historia

- Título
- Resumen
- El valor que postula

Se debe seleccionar el valor bajo el cual, la postulación demuestra mejor valores y comportamientos. El trabajo será juzgado en la categoría seleccionada:

- Seguridad
- Respeto
- Excelencia
- Coraje
- Trabajo en equipo
- El reto
- La solución
- Beneficios y resultados comerciales
- Los comportamientos

Busca que los jueces comprendan cómo el trabajo demuestra los comportamientos esperados por la empresa para el valor elegido. Se solicita el mayor detalle posible y, cuando sea práctico, el suministro de ejemplos.

**Programa de gestión de la cadena de abastecimiento**

Una agencia multilateral con un mandato conjunto con la Organización Mundial del Comercio y las Naciones Unidas, cuenta con un programa de gestión de la cadena de Abastecimiento, a través del cual capacita a gerentes de negocios a nivel global. Los ejecutivos aprenden a administrar el abastecimiento, el movimiento y el almacenamiento de bienes, desde la fuente de producción hasta el punto de consumo. Se trata de un socio sólido que ofrece programas de capacitación y asesoramiento, en la cadena de Abastecimiento.

Para los estudiantes que postulan sus historias al proceso de reconocimiento, solicitan la siguiente información:

- Indique dónde está trabajando «si es empleado» y sus principales razones para inscribirse en el programa de entrenamiento.
- ¿Cómo le ha ayudado el programa, en términos de su desempeño o en el desarrollo de su carrera?
- Describa con el mayor detalle posible cualquier resultado específico o mejora que haya podido lograr gracias al entrenamiento que ha realizado. ¿Cuál fue el resultado? ¿Cuál fue el impacto en su empresa / organización? Cualquier dato o información son bienvenidos, aun cuando no son necesarios
- ¿Quién avala la postulación?

**Asociación internacional en gestión de contratos y comercio**

La asociación permite a las organizaciones y profesionales alcanzar estándares, de clase mundial en sus relaciones comerciales.

El proceso consiste en una breve encuesta en la que se le pide al postulante que describa un reto del negocio/un proyecto de mejora; enfoque; detalles del proyecto; resultados; lecciones aprendidas/descubrimientos clave; los próximos pasos y un resumen ejecutivo. Las postulaciones estarán disponibles para que los miembros las lean durante el proceso de selección de miembros, al premio a la innovación.

El programa está abierto a todos los miembros/organizaciones miembros de la asociación y los reconocimientos incluyen:

- **Reconocimiento a la iniciativa personal**. Para un profesional individual que haya demostrado un liderazgo o esfuerzo sobresaliente en la entrega de valor y en elevar el perfil de la gestión comercial y de contratos.
- **Reconocimiento a la mejora operativa**. Otorgado por iniciativas que hayan entregado un valor comercial significativo, a través de la mejora de procesos o prácticas comerciales o de contratación.
- **Reconocimiento a la dirección estratégica**. Otorgado por iniciativas que hayan elevado el perfil estratégico y la contribución del proceso o la función comercial o de contratación.
- **Reconocimiento al mejor proveedor de servicios**. Para consultores, proveedores de servicios o aplicaciones que hayan dirigido o facilitado iniciativas de alto valor en las organizaciones contratantes.
- **Reconocimiento a la innovación por elección de los miembros**. Votado por los miembros de la asociación; este reconocimiento se otorga al miembro individual o corporativo que haya logrado éxito a través de la innovación, en la contratación durante el año anterior.

La información solicitada a los postulantes es la siguiente:

- Descripción clara del desafío o problema del negocio que requirió un enfoque innovador; la naturaleza de este desafío o problema, ¿cómo se identificó? y ¿de qué manera fueron relevantes las mejoras contractuales o comerciales?
- Una breve descripción del enfoque seleccionado para iniciar el proyecto y las barreras / requisitos previos «por ejemplo, ausencia de datos; necesidad de patrocinio ejecutivo; superación de la resistencia interna».

- Una breve descripción del proyecto; ¿quién estuvo involucrado? ¿cuánto tiempo tardó? y cualquier descubrimiento clave en su desarrollo.
- Una enumeración de los resultados logrados. Estos deberían cubrir áreas como la contribución financiera; indicadores de eficiencia «por ejemplo, tiempo, ahorro de recursos»; indicadores de efectividad «por ejemplo, impacto en la satisfacción del cliente interno, proveedor o contratista; mejoras en la calidad de la gestión».
- Descripción de las lecciones aprendidas / próximos pasos. ¿De qué manera este proyecto ha allanado el camino para futuras mejoras y el desarrollo continuo de contratos y capacidad comercial?
- Un resumen ejecutivo de la postulación.

**Sociedad de profesionales de las ingenierías, conjuntamente con la asociación que agrupa a las facultades de las mismas disciplinas**

Las dos entidades han articulado una iniciativa que busca reconocer los mejores trabajos que realicen los estudiantes de ingeniería, al finalizar sus estudios de pregrado, los cuales ameriten iniciativas de alto valor para el desarrollo del país.

El objetivo general es presentar a la comunidad proyectos innovadores de ingeniería aplicada en el contexto del país, con alto impacto social, económico y político, desarrollados en la academia por estudiantes de pregrado con el fin de incentivar a los futuros ingenieros y facilitar la trascendencia y aplicabilidad de los mismos.

Los objetivos específicos son:

- Realizar una muestra de proyectos de pregrado «trabajos de final de carrera o semilleros de investigación en ingeniería», para dar a conocer las iniciativas de los jóvenes estudiantes de ingeniería dentro de la academia.
- Fomentar la investigación y el desarrollo de la ingeniería en todas sus especialidades y su interrelación con otras profesiones, difundiendo el quehacer académico, investigativo y de servicio de las facultades de ingeniería.

- Articular la gestión entre los sectores gremial, académico, estatal y organizacional, promoviendo la investigación en los futuros ingenieros y la aplicación de sus propuestas en el desarrollo sostenible del país.

La muestra nacional de proyectos de pregrado en ingeniería, ha previsto las siguientes temáticas:

**Agroindustria**

Proyectos de ingeniería enfocados en la seguridad alimentaria, mejoramiento de procesos industriales alimentarios y no alimentarios, adaptación y aplicación de tecnologías para la conservación de alimentos, optimización de procesos no industrializados de producción de alimentos, logística en la cadena agroindustrial y tecnificación para aumentar la productividad del campo.

**Energía**

Proyectos de ingeniería referentes a eficiencia energética; aprovechamiento de fuentes renovables; suministro a zonas no interconectadas; infraestructura o tecnología para la prestación sostenible de servicios y optimización en el uso de combustibles fósiles.

**Infraestructura y seguridad vial**

Proyectos de ingeniería enfocados al mejoramiento de la infraestructura, especialmente en vías terciarias e iniciativas que permitan prevenir, reducir y controlar la siniestralidad vial.

**Innovación en materiales**

Proyectos de ingeniería asociados al diseño, optimización, fabricación y uso de materiales para el desarrollo de nuevos productos y aplicaciones en la infraestructura, industria, energía, mantenimiento, protección y mejoramiento de procesos y productos.

**Procesos productivos y logísticos**

Proyectos de ingeniería asociados al desarrollo para la industria, con énfasis en eficiencia, sostenibilidad y uso de la tecnología.

**Saneamiento**

Proyectos de ingeniería referentes al manejo del recurso hídrico, potabilización, uso eficiente y tratamiento de aguas residuales domésticas o industriales; gestión de residuos para aprovechamiento, reutilización, reciclaje y tratamiento.

**Tecnologías 4.0**

Proyectos de ingeniería relacionados con el diseño de software; inteligencia artificial; tecnologías de información; «blockchain»; internet de las cosas y sistemas de información geográfica.

Para cada proyecto se establece una serie de requisitos, para ser postulado:

**Decisiones**

¿Cómo fomentar una cultura de reconocimiento en la Empresa?
¿Cómo ha analizado la Empresa la conveniencia de montar un proceso de historias de éxito?
¿Cuáles consideraciones se han tenido en cuenta, para asegurar la continuidad del programa en el tiempo?
¿Cuáles criterios, se han definido para efectuar los reconocimientos?
¿Quiénes son los responsables por el proceso de reconocimiento?
¿Cuál ha sido el proceso establecido para definir las categorías a reconocer en las historias de éxito?
¿Cómo se asegura que la publicidad del evento, se inicie con la debida anticipación?
¿Cómo se promueve la participación en el proceso de reconocimiento?
¿Se hará entrega de un diploma de reconocimiento a los postulantes seleccionados?

¿Los trabajos seleccionados se exaltarán en una celebración especial de la Empresa, en la que los reconocimientos se destaquen con el mayor despliegue posible?

¿Cómo lograr que la ceremonia de premiación, permita que los elegidos perciban que su trabajo es valorado?

¿Qué se expresa aprobación y gratitud por realizaciones sobresalientes?

¿Cuáles elementos innovadores debe tener la ceremonia para logra que los participantes alejen sus mentes del trabajo cotidiano y así puedan observar un panorama más amplio de sus actividades?

¿Qué hacer para aprovechar la oportunidad de discutir sobre la importancia del trabajo y el logro de la persona agasajada?

¿Cómo entender que reunirse y compartir experiencias, es un medio muy poderoso de aliento y motivación?

¿Cómo transformar el reconocimiento, en un estímulo para que otros se esfuercen para lograr la excelencia?

¿Se ha asegurado la presencia de la alta gerencia en el evento?

¿Los trabajos serán editados en una publicación especial, que para tal efecto definan los organizadores del evento?

¿Se ha organizado con la debida anticipación, la logística del evento en el que se efectuarán los reconocimientos?

¿Cómo se reciclan las lecciones aprendidas, para mejorar el proceso en el ciclo siguiente?

# Guía metodológica para elaborar estrategias de Abastecimiento

## Nociones

En algunos casos las estrategias son creaciones directas gestadas por el conocimiento que existe en Abastecimiento; en otros casos se generan desde el cliente interno motivadas por las necesidades que éste tiene de disponer de un servicio o de contar con un bien. Muchas son el resultado de ejercicios de cocreación entre unos y otros.

Por esa razón los resultados son variopintos, dependiendo del conocimiento específico de los autores; de la complejidad del tema; del tiempo disponible; de los antecedentes de procesos anteriores. Las concepciones son disímiles, y muchas veces no se ajustan a la necesidad de gestionar el conocimiento.

En las instancias de aprobación, se recibirán estrategias algunas completas y detalladas y otras que no contienen la documentación, la información y el detalle necesarios para un adecuado análisis por parte de los miembros de dichas instancias, generándose en este último caso, reprocesos e impactos en los procesos de Abastecimiento. Por eso es necesario contar con una guía metodológica que reconociendo que los procesos de compras y contratación pueden ser muy diferentes, si sería muy práctico contar con un eje conceptual, en la preparación de estrategias.

Podría hablarse de dos tipos de estrategias:

- Aquellas de gran visión y cobertura, orientadas a bienes y servicios organizados por categorías y segmentados por criterios de riesgo, impacto y costo.
- Y las que desarrollan la compra o contratación de bienes o servicios específicos.

Las estrategias deberían elaborarse primordialmente para bienes y servicios críticos «alto riesgo, alto impacto y alto valor».

La siguiente es una guía que busca orientar la elaboración de estrategias cubriendo los tópicos más importantes. Desarrollada inicialmente para el sector petrolero, ha demostrado ser una herramienta útil, en otros sectores tales como:

Bulk francés y cajas; herramientas de computación; contratación de servicios de transporte de leche cruda; productos de caucho para hermeticidad en tuberías de PVC; contratación y operación de las principales rutas de Colombia con origen Bogotá; contratación de servicios de transporte terrestre nacional de carga peligrosa; abastecimiento de frascos de vidrio para la expansión a México; servicio de casino, camarería, lavandería, entretenimiento y fumigación; abastecimiento de azúcar para una empresa de gaseosas; compra de acero estructural; servicio de taladro de perforación; abastecimiento de materia prima, pellet de cerdo; movilización y desmovilización en la perforación de pozos petroleros; servicio de mantenimiento para centros de mecanizado; servicio de Operador Logístico Integral y compra de aceite de oleína de palma.

## 1. Objetivo.

Descripción clara y concisa de cuáles son los propósitos al formular esta estrategia en términos de:

1.1. Establecer el mejor esquema de prestación o contratación de los servicios o suministros requeridos.
1.2. Optimizar recursos.
1.3. Alinear roles y responsabilidades.
1.4. Mitigar riegos e impactos.
1.5. Asegurar el cumplimiento de las metas y objetivos del suministro.
1.6. Asegurar el suministro costo efectivo.

## 2. Contexto

### 2.1. Alcance.
Procesos, áreas o empresas que se ven afectados por esta estrategia.

Identificación de argumentos estratégicos de este suministro como, por ejemplo:

2.1.1. Identificación de los mejores proveedores disponibles en el mercado.
2.1.2. Agregación de demanda, «interna o externa», sin comprometer la optimización de recursos regionales y la política de democratización.
2.1.3. Selección de modalidades de remuneración más equilibradas para las partes.
2.1.4. Alivio y agilización de cargas de trabajo en las instancias respectivas de aprobación.
2.1.5. Posibilidad de tipificar diseños o servicios.
2.1.6. Contratación a más largo plazo mediante contratos marco, estableciendo sólidas relaciones con los mejores proveedores.

Además, en caso de ser un producto/servicio nuevo que implique un proceso de compra/contratación, es conveniente incluir un cuadro comparativo de la situación ideal a la cual se quiere llegar con la implementación de la estrategia; que permita identificar fácilmente los beneficios y el valor agregado de este ejercicio.

### 2.2. Estado actual y antecedentes.
Se busca dar una descripción clara de los antecedentes y la situación actual para la contratación de los bienes y servicios. Igualmente se brinda información sobre históricos de procesos anteriores de contratación realizados, la tendencia y comportamiento del mercado y precios de referencia.

La utilización de gráficos, contribuye a sustentar estos antecedentes.

### 2.3. Gasto proyectado.
Pronóstico del valor de los servicios o suministros durante la vida del contrato u orden de compra o servicio.
Una gráfica puede ilustrar los costos estimados para los próximos años.

### 2.4. Definiciones.
Términos que se consideren necesarios aclarar para el entendimiento de la estrategia.

## 3. Justificación

Sustentación clara del por qué es necesario realizar la compra o contratación. Se puede incluir una descripción de cómo esta propuesta mejora lo establecido en la Empresa.

Se debe indicar el o los códigos de las fichas del Plan Anual de Compras y Contratación «PACC». Así mismo, detallar los beneficios en términos de ahorros en costos «(costo de la compra, costos posteriores «componentes del costo total evaluado», gestión de inventarios, entre otros», ingresos marginales «por disminución de tiempos para entrada del servicio», beneficios estratégicos, intangibles o de otro tipo.

## 4. Análisis del mercado

### 4.1. Análisis de la demanda.

Indica la ubicación relativa de estos bienes o servicios dentro del modelo de posición del suministro, considerando principalmente las dimensiones de riesgo e impacto:

### 4.1.1. Riesgo
Bajo esta dimensión, se analiza la mayor o menor influencia de factores tales como: importancia estratégica del suministro; complejidad de las relaciones con el mercado; probabilidad de una falla en el suministro; naturaleza del mercado de suministro, etc. Los riesgos específicos pueden generarse por:

4.1.1.1.     Especificaciones incorrectas.
4.1.1.2.     Quedarse cortos en las metas de suministro.
4.1.1.3.     Entregas a largo plazo.
4.1.1.4.     Logística ineficiente.
4.1.1.5.     Altos niveles de inventario.
4.1.1.6.     Pocos proveedores.
4.1.1.7.     Suministros muy especializados.
4.1.1.8.     Variación en el precio de «commodities».
4.1.1.9.     Estructuras de costos muy detalladas.

**4.1.2.   Impacto:** Bajo esta dimensión se analiza cómo se impactarán, por ejemplo:

4.1.2.1. Los proyectos específicos.
4.1.2.2. Las compras MRO «mantenimiento, reparaciones y operaciones».

**4.2. Consideraciones del cuadrante seleccionado.**
Se deben revisar y agregar las características y consideraciones propias del cuadrante, tomadas del plan estratégico de la Empresa, desarrollado por la función de Abastecimiento.

Las características que se deben tener en cuenta para cada cuadrante son:

| Noción | Rutinarios | Relevantes | Restrictivos | Críticos |
|---|---|---|---|---|
| ¿Qué son? | • Muchos proveedores<br>• El artículo se consigue fácilmente<br>• Artículo estándar<br>• Gasto anual bajo<br>• Bajo riesgo para la empresa.<br>• El gasto representa una pequeña parte de la | • Muchos proveedores y, el artículo se consigue fácilmente<br>• Artículo estándar<br>• Gasto anual alto<br>• El artículo es de bajo riesgo para la Empresa<br>• Su gasto alto hace sus compras | • El artículo es de alto riesgo para la Empresa<br>• Hay pocos proveedores.<br>• Es un artículo no estándar<br>• El gasto anual en el artículo es bajo<br>• El gasto bajo hace que las | • No estándar<br>• Hay pocos proveedores<br>• Existen pocas alternativas<br>• El riesgo para la Empresa es alto<br>• El gasto anual en el artículo es alto<br>• El gasto alto hace las compras atractivas para el proveedor |

| Noción | Rutinarios | Relevantes | Restrictivos | Críticos |
|---|---|---|---|---|
| | facturación del proveedor | atractivas para los proveedores | compras no sean atractivas para el proveedor | |
| Objetivo | • Minimizar tiempo y esfuerzo<br>• Procesos sencillos de abastecimiento<br>• Minimizar intervención con el proveedor | Reducir al máximo precios y costos | • Minimizar riesgo de aprovisionamiento; el precio y el costo de adquisición pasan a un segundo plano<br>• Si es posible, comprar a un único proveedor para aumentar la relevancia | Minimizar riesgo de aprovisionamiento y controlar precios y costos |
| Proveedores y esquemas contractuales | • Use un solo proveedor preferente<br>• En lo posible contratos abiertos o renovables a largo plazo con la mayor cobertura posible de artículos<br>• Usar fórmulas de reajuste | • Considerar dividir la compra o el contrato entre dos Proveedores.<br>• Contrato u orden de compra a largo plazo | • Si fuera necesario, usar dos proveedores para tener una opción de respaldo si surgen problemas<br>• Desarrollar una relación estrecha y a largo plazo con el/los proveedores<br>• Negociar un volumen garantizado para reducir riesgos y firmar un contrato a largo plazo. | • Normalmente, los proveedores, tendrán un pequeño número de grandes clientes<br>• El número de proveedores alternativos es limitado<br>• La relación ideal es la alianza.<br>• Procesos de negociación/ contratos a largo plazo «3 años» |

| Noción | Rutinarios | Relevantes | Restrictivos | Críticos |
|---|---|---|---|---|
| | | | • Ser un «buen cliente» | |
| Estrategias operativas genéricas | • Simplificar los procesos de aprovisionamiento<br>• Automatizar los procesos.<br>• Eliminar la inspección<br>• Órdenes de compra/ contratos marco abiertos asigna-dos a clientes internos una vez negocia-dos<br>• Usar tarjeta de compra<br>• Comercio electrónico | • Reuniones con proveedores y contratistas<br>• Agregación con otras empresas del sector o afines | • Mantener existencias<br>• Planificar la calidad<br>• Reingeniería de procesos de negocios<br>• comercio electrónico para ser un mejor cliente | • Comprado-res precalificados<br>• Investigación de mercados<br>• Estandarización de especificaciones<br>• Indicadores de desempeño<br>• Estrategia de aprendizaje y comunicación organizacional «¿cómo desarrollar y mejorar continua-mente la relación?»<br>• Aprovechar el conocimiento especializado y la innovación del proveedor para optimizar el diseño<br>• Proteger de costos futuros y disponibilidad «ej., de artículos de recambio y repuestos de bienes de capital»<br>• Agregación con otras empresas del sector o afines |

| Noción | Rutinarios | Relevantes | Restrictivos | Críticos |
|---|---|---|---|---|
| Estratégias operativas específicas | • Mantener existencias<br>• Facturación consolidada<br>• Comercio electrónico<br>• Asegurar que en la organizació n del proveedor haya un «gerente de cuenta del proveedor o contratista» que se encargue de la cuenta de la Empresa | • Pronóstico eficaz de la demanda<br>• Mantener existencias<br>• Plan de calidad desarrollad o en conjunto con el proveedor | • Designar un «gerente de cuenta del proveedor o contratista» | • Desarrollo del proveedor y/o contratista<br>• Responsable de cuenta del proveedor<br>• Modelar el costo total de propiedad<br>• Planes de contingencia<br>• Mantener existencias «balancear beneficios y costos»<br>• Apoyo y capacitación de parte del proveedor o contratista<br>• Trabajo conjunto para aseguramiento de calidad<br>• Reuniones periódicas con proveedores y contratistas |
| Característi cas deseables del proveedor o contratista | • Capaz de suministrar una amplia gama de artículos y a largo plazo<br>• Con procesos sencillos, consistentes y confiables<br>• Con capacidad de respuesta y es eficaz.<br>• Capaz de proporcionar | • Capacidad es básicas «compras puntuales»<br>• Proveedor es competitiv os en costos a corto y mediano plazo «contratos a término»<br>• Proveedor es que no exploten su fuerte | • El proveedor debe ser confiable y no comportars e en forma oportunista o explotar su fuerte posición de negociació n<br>• Debe ser capaz de suministrar el artículo requerido | • Debe ser especialmente competente en aquellos campos que significan un mayor riesgo para la empresa<br>• Debe tener la habilidad de tener costos bajos y/o de ser un líder tecnológico a largo plazo<br>• Los productos requeridos |

| Noción | Rutinarios | Relevantes | Restrictivos | Críticos |
|---|---|---|---|---|
| | una facturación mensual, consolidada<br>• Dispuesto a designar un responsable de cuenta<br>• Capaz de aceptar tarjetas de compra y/o comercio electrónico | posición de negociació n una vez que se haya firmado el «contrato a largo plazo» | a largo plazo<br>• Si los riesgos son de más atrás en la cadena de suministro, el proveedor debe tener suficiente influencia y buenas estrategias con sus propios proveedor es | deben ser el núcleo de su negocio<br>• Su estrategia de negocios debe ser compatible con la de la Empresa<br>• Debe ser económicame nte estable y tener una posición sostenible en el mercado<br>• No debe tener relación preferencial con los competidores de la Empresa<br>• No debe buscar explotar la posición de la Empresa |

## 4.3. Análisis de la oferta.

Se debe hacer referencia a los proveedores y contratistas que de manera regular han venido presentando ofertas, destacando aquellos con los cuales se han suscrito contratos u órdenes de servicio y cuyo desempeño ha sido satisfactorio.

Para obtener esta información, se sugiere consultar el sistema de gestión de información de proveedores; de igual manera, acudir a directorios especializados o realizar sondeos de mercado, con apoyo de la función de Abastecimiento.

## 4.4. Análisis integral del mercado y conclusiones.

Con la información obtenida, se presentarán conclusiones sobre el comportamiento del mercado.

De acuerdo con los análisis anteriores, se deben presentar las conclusiones sobre el mercado. Para ello se tiene en cuenta el análisis que indique en qué tipo de mercado «maduro, inmaduro o emergente» se encuentran los proveedores o contratistas y si además cuentan con procesos claros, establecidos y tecnologías actuales.

5. **Propuesta estratégica**

**5.1. Propuesta estratégica.**

De acuerdo con el bien o servicio requerido y su ubicación en la matriz de posición del Abastecimiento, se sugiere consular las estrategias recomendadas en el plan de Abastecimiento.

Antes de realizar el desarrollo de la estrategia, se debe tener en cuenta aspectos como:

**5.1.1. La posibilidad de apalancamiento**

Integración de las necesidades similares de otras empresas, buscando agregación de la demanda.

**5.1.2. Mejoramiento continuo**

5.1.2.1. Propender por la normalización de las soluciones técnicas, buscando la tipificación de los diseños.
5.1.2.2. Asegurar un ciclo de mejoramiento, teniendo en cuenta las lecciones aprendidas identificadas en procesos anteriores. En los procesos de cierre de los contratos, la identificación de las lecciones aprendidas debe ser una obligación contractual, plasmada en el alcance de los servicios.

**5.1.3. Pluralidad de oferentes**

El sondeo de mercados debe asegurar el contar con un número adecuado de oferentes, en el caso de solicitud privada de ofertas. En el caso de solicitud pública deben identificarse aquellos oferentes que en opinión de la empresa están bien calificados y cuya participación asegura la calidad del proceso.

### 5.1.4. Esquema contractual

Se debe plantear la conveniencia de proponer contratos a corto, mediano o largo plazo.

Los criterios para esta definición se analizarán respecto a:

| | |
|---|---|
| 5.1.4.1. | La madurez del alcance de los servicios y/o especificaciones técnicas. |
| 5.1.4.2. | El conocimiento del desempeño de los contratistas y/o proveedores, con los cuales se hayan suscrito contratos previamente o se hayan trabajado ordenes de servicio. |
| 5.1.4.3. | Experiencia adquirida con la utilización de estructuras de costos o modalidades de remuneración. |
| 5.1.4.4. | La solidez jurídica de los documentos de contratación. |
| 5.1.4.5. | La ocurrencia o no de reclamos significativos, en una línea de servicios o suministros. |
| 5.1.4.6. | Debe analizarse la posibilidad de usar los diferentes tipos de contratos que permitan su ejecución, a través de órdenes de servicio. |

### 5.1.5. Estructuras de costos

La gestión de costos tiene una marcada influencia en temas de sostenibilidad e impacto organizacional. Esta influencia se evidencia de manera esencial a través de la calidad y oportunidad de la información financiera disponible para apoyar el diseño de estrategias y la adopción de decisiones:

| | |
|---|---|
| 5.1.5.1. | Independientemente del tipo de obra o servicio a contratar, las sumas globales fijas deben ser un punto de llegada y no de partida. |

5.1.5.2.   Particularmente en los contratos de servicios, se debe solicitar el desglose más completo posible de las estructuras de costos, buscando:

1. Normalizar las ofertas para compararlas de manera más equitativa al momento de su recibo.
2. Disponer de elementos de juicio durante la ejecución del contrato al momento que se presente un reclamo o haya necesidad de renegociar valores, tarifas o pactar nuevos precios por modificación del alcance.

### 5.1.6.  Plazo

Establecido de manera razonable, sin comprometer la capacidad del contratista y evitando el inicio de obras o servicios en épocas críticas del año, tales como semana santa o en diciembre, cuando la capacidad de reacción del contratista puede verse comprometida por restricciones en la movilización de equipos, bienes y productos; vacaciones del personal; escasez de materiales, etc.

### 5.1.7.  Evaluaciones de desempeño

Dependiendo del grado de riesgo del contrato y de su impacto en los planes de la Empresa, debe establecerse de antemano en la estrategia, la periodicidad de las evaluaciones de desempeño.

### 5.1.8.  Democratización

Una consideración de importancia en la estrategia es evaluar las opciones existentes ya sea directamente con los oferentes identificados o bajo un esquema de subcontratación, para brindar oportunidades en primera instancia a poblaciones vulnerables y luego a las Mipymes.

### 5.1.9.  Instancias de aprobación

El monto del presupuesto determinará la ruta a seguir en materia de instancias de aprobación.

Una lección aprendida es obtener la aprobación temprana de temas asociados a la estrategia como, por ejemplo:

5.1.9.1. La lista recomendada de oferentes.
5.1.9.2. Los alcances de los servicios, claros y específicos.
5.1.9.3. Las especificaciones técnicas, bien definidas.
5.1.9.4. Las prórrogas de contratos vigentes, requeridas para asegurar el cumplimiento de la estrategia.

## 5.1.10. Fecha de la necesidad

Es conveniente validar la estrategia con todos los involucrados, directa o indirectamente en el proceso.

## 5.2. Otras opciones estratégicas por analizar

Es aconsejable tener en cuenta otras consideraciones como, por ejemplo:

5.2.1. Evaluar la conveniencia de contratar integralmente el diseño y la construcción de una obra.
5.2.2. Investigar potencial para agregar demanda internamente o con otras compañías del sector.
5.2.3. Proponer un esquema de adjudicaciones parciales.
5.2.4. Conveniencia de conceder o no anticipos.
5.2.5. Visitas a los potenciales oferentes, en caso de ser necesario.
5.2.6. Confirmación con otros contratantes sobre capacidades de los oferentes.

## 5.3. Identificación de riesgos y mitigación.

Para la medición del impacto y frecuencia de los riesgos, se debe tener en cuenta los criterios establecidos por la función de control interno.

A manera de ejemplo, una aproximación al tema de análisis de riesgos podría ser:

| | |
|---|---|
| • Rechazo interno a la estrategia. | 1. Adecuado proceso de venta de la estrategia. <br> 2. Familiarización de los clientes internos con la estrategia. <br> 3. Iniciar el proceso con la adecuada anticipación. |
| • Inadecuada identificación del grupo de oferentes a invitar. | 1. Adecuado sondeo de mercado. <br> 2. Visitas a los potenciales oferentes en caso de ser necesario. <br> 3. Confirmación con los contratantes de servicios similares sobre capacidades de los oferentes. |
| • Imprecisiones en los documentos de solicitud de ofertas e inapropiadas ofertas por parte de los oferentes | 1. Adecuado ajuste con la participación del área legal. <br> 2. Completa y adecuada inducción a los oferentes durante la reunión de aclaración. <br> 3. Adecuada estructura de costos <br> 4. Respaldo y participación de las áreas Involucradas. |
| • Inadecuada identificación del panorama de riesgos. | Adecuado análisis de riesgos con el respaldo de las funciones de HSE. |
| • Distribución inequitativa o sin la debida justificación de las ordenes de trabajo | Reporte periódico sobre las órdenes de trabajo asignadas por consultor. |

| | |
|---|---|
| entre los consultores seleccionados | |

## 5.4. Tecnología/Innovación.

Descripción de cómo el uso de la tecnología puede mejorar el proceso, la capacidad e innovación por parte de los oferentes.

## 5.5. Equipo para el desarrollo de la estrategia.

Se indica el equipo interno multidisciplinario y con diversas funciones que debería integrarse para mantener un profundo y adecuado conocimiento del mercado, que le permita desarrollar e implantar una estrategia sectorial y estimular el desempeño mediante:

5.5.1. Entender la demanda interna, necesidades de la Empresa.
5.5.2. Entender el mercado «suministro externo».
5.5.3. Colocar la demanda en el mercado «estrategia sectorial».
5.5.4. Asegurar que los consultores oferentes sean seleccionados, gestionados y conservados objetivamente.

Dentro de este grupo deben estar presentes:

| Proceso | Responsables | Apoyo |
|---|---|---|
| Desarrollo de la estrategia. | Persona interesada en generar la estrategia. | Función de Abastecimiento. |
| Revisión. | Director de Abastecimiento. | |
| Aprobación. | Vicepresidente, director o Área Legal. | Dirección de Abastecimiento. |

Además de éstos, se deberán tener en cuenta los grupos de interés como proveedores, cliente final y otras áreas, entre otros.

## 6. Fuentes

Relación de las fuentes de información para la investigación, consulta, estudios, sondeo «entre otros» que se hayan requerido para la elaboración de la estrategia.

**ANEXOS.**

## 7. Matriz de poder

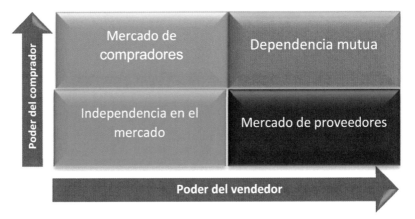

## Decisiones

¿Cómo se han utilizado las matrices de posición del abastecimiento «riego, impacto y costo» para segmentar bienes servicios requeridos para el año siguiente, como insumo indispensable para elaborar las estrategias genéricas «categorías», y puntuales para bienes y servicios específicos, generalmente del cuadrante de críticos?

¿Para cada cuadrante de la matriz de posición del abastecimiento, se han definido las características y se ha trabajado en detalle la que debe ser la guía metodológica para elaborar estrategias, teniendo en consideración las características propias de las necesidades de bienes y servicios de la Empresa?

¿Se ha analizado cómo los niveles de las instancias de aprobación de las estrategias, se deben articular por cuadrante de la matriz de abastecimiento considerando riesgo, impacto y costo y no por el esquema convencional de salarios mínimos mensuales legales vigentes «SMMLV» que normalmente se definen de manera aleatoria?

¿Se confrontan los resultados obtenidos al final del suministro de un bien o de la prestación de un servicio, con el esquema planteado en la estrategia original?

¿Cómo ha organizado Abastecimiento los programas de entrenamiento y capacitación para lograr que sus colaboradores y los clientes internos, tengan las destrezas requeridas para elaborar estrategias?

¿Cómo se aprovecha la información proveniente del Plan Anual de Compras y Contratación «PACC» para identificar la oportunidad de agregar demanda de bienes y servicios, buscando un mercado de compradores?

# Excelencia funcional

## Nociones

## El reto organizacional

Una responsabilidad prioritaria de abastecimiento es la de satisfacer las necesidades de bienes y servicios de los clientes internos. Esta gestión consume las energías cotidianas del talento humano que, escasamente cuenta con el tiempo necesario para atender dichas necesidades; muchas de las cuales son extemporáneas y no fueron identificadas tempranamente, ni incluidas en el PACC. Además, muchas de ellas deben ser atendidas con inmediatez, afectando la planeación y los programas y regulares, llevando a los colaboradores al máximo de su capacidad de respuesta: Esta no siempre es oportuna, no obstante, los esfuerzos de abastecimiento; se generan entonces por parte de los clientes internos quejas y percepciones distorsionadas, con las cuales muchas veces disculpan su propia ineficiencia y falta de planeación. Cuántas veces se escucha en los comités, cuando se indaga sobre el retraso de un proyecto: «eso es culpa de abastecimiento»; sin que sea necesariamente cierto.

Estas variabilidades del proceso impiden que el talento humano comprometido en estas tareas, pueda dedicar tiempo a reflexionar y fijar pautas y lineamientos sobre la planeación a largo plazo, la validación de procesos y procedimientos, los ajustes requeridos en las políticas, los programas de capacitación y entrenamiento del talento humano, las estrategias por mencionar algunos temas.

Para contrarrestar esta situación, se requiere otro grupo de personas aisladas o separadas de la lucha del día a día, dedicado a pensar estratégicamente para asegurar que la función no se desvíe de su reto y compromiso de mejoramiento continuo, buscando así la transformación de la función.

## Excelencia funcional

Se trata de crear un área de «excelencia funcional», cuyo líder debe reportar, directamente al líder de abastecimiento.

Debe estar conformada por profesionales diferentes, de avanzada, que hayan tenido oportunidad de foguearse en distintos campos y especialidades del abastecimiento y la logística y ojalá en distintos sectores de la economía.

Este nuevo profesional debe ser educado, inteligente, respetado, influyente, persuasivo, visionario, estratégico, agudo, global, colaborativo, ejecutivo y astuto en los negocios. Con las destrezas requeridas para captar e impulsar proactivamente la innovación, que ya se advierte en la base crítica de proveedores y contratistas.

Con la capacidad para relacionarse con los proveedores y contratistas críticos e integrarlos lo más exhaustivamente posible, en las expectativas y metas de la Empresa.

Serán los responsables por promover el cambio positivo dentro de la Empresa y convencer a los proveedores más innovadores y eficientes para que colaboren en la búsqueda del éxito de la Empresa, excluyendo a la competencia.

## El quehacer del área de excelencia funcional

Deben ser sus tareas:

- Articular la estrategia, el modelo estratégico y la planeación macro de los grandes procesos de abastecimiento:

  - ➢ Selección de contratistas y proveedores y
  - ➢ La gestión de contratistas.
- Identificar herramientas y lineamientos para monitorear el desempeño de los mencionados procesos y sus sub procesos.
- Asegurar la vigencia, aplicación y seguimiento de la documentación normativa de los procesos:

  - ➢ Levantamiento, «mapeo» de los mismos.

➤ Políticas.
➤ Procedimientos.
➤ Indicadores e informes de desempeño, que permitan la verificación del desempeño de la función.

• Asegurar la custodia y actualización permanente de la misión, visión y políticas de Abastecimiento.
• Facilitar y normalizar la captura de información relevante de los procesos.
• Respaldar a las áreas operacionales, en tareas específicas como, por ejemplo:

➤ El sistema de gestión de información de proveedores y contratistas: registro, clasificación y calificación; evaluación financiera; desempeño contractual y retroalimentación entre las Partes.
➤ Los sondeos de mercado.
➤ La identificación de mejores prácticas.
➤ La consolidación del desempeño de proveedores y contratistas.
➤ La ejecución de ejercicios de referenciación comparativa «benchmarking».
➤ El relacionamiento con los grupos de interés:

✓ Proveedores y contratistas.
✓ Clientes internos.
✓ Otras empresas del mismo sector o de otros sectores, contratando el mismo tipo de servicio o los mismos tipos de bienes.
✓ Interfaces con entidades de gobierno que, por su naturaleza, influyan en el accionar de Abastecimiento.

➤ Articular mediante un acercamiento con el área de Gestión Humana:

✓ Los programas de capacitación y entrenamiento internos y externos con universidades y entes especializados, con enfoque de educación continuada no solo para el talento humano de abastecimiento sino también para el personal de los clientes internos, responsable de gestionar los contratos y órdenes de compra; sustentados dichos programas en los mapas de conocimiento para determinar «brechas»

existentes entre las exigencias del cargo y las competencias de los incumbentes.
- ✓ Desarrollar los planes de desarrollo de carrera.
- Montar los planes de mejoramiento de la función.
- Manejar el relacionamiento con las funciones de auditoria o control interno.
- Desarrollar los programas de reconocimiento de proveedores y contratistas.

**Decisiones**

¿Cómo ha organizado Abastecimiento, su visión de responsabilidad social?
¿Cuáles son los factores que aseguran que Abastecimiento se orienta hacia los resultados (efectividad)?
¿De qué manera gestiona integralmente sus procesos (eficiencia)?
¿Cómo se asegura la adecuada gestión de riesgos?
¿Existe una conciencia permanente de aprendizaje mejora e innovación? ¿Cómo se visibiliza?
¿Cuáles actividades se adelantan para asegurar la competitividad de la cadena de Abastecimiento de la Empresa?
¿Cuáles son las pautas y procedimientos para la gestión de la información?
¿Qué mecanismos ha desarrollado para la gestión de alianzas con proveedores y contratistas críticos?
¿Cómo se aplican los principios de?:

¿Estrategia del negocio?
¿El manejo del cambio?
¿La sostenibilidad?
¿Cómo se puede medir el empoderamiento y compromiso de la función de Abastecimiento?
¿Cómo se reconoce su liderazgo dentro de la Empresa?

## Otros títulos de Iván Pinzón Amaya

## Macro proceso de selección de contratistas
## (Abastecimiento estratégico No 1)

La crisis del petróleo y en general del sector energía, generó una desbandada de profesionales que durante algunos años se nutrieron de experiencia en el campo de la contratación «muchos de ellos con empresas multinacionales» y que ahora no encuentran oportunidades laborales en otros sectores y han decidido explorar el campo de la consultoría con resultados apenas aceptables; la ausencia de nuevos proyectos diferentes a las concesiones de Infraestructura en sus distintas oleadas, ha hecho que el factor estabilizador en la implantación de buenas prácticas en Abastecimiento que se hubiera logrado con la continuidad de estos profesionales, se viera truncado y éstas desparezcan porque las empresas no cuentan con métodos efectivos para preservar el conocimiento.

Por otro lado, las facultades de Ingeniería y Arquitectura poca o relativa importancia han dado a este tema, porque erróneamente se piensa que es una responsabilidad exclusiva de abogados, sin advertir que todos los profesionales deben conocer los fundamentos que les permitan contratar de manera sólida y confiable en un medio altamente competitivo.

Cada empresa según sus necesidades debe ajustar, ampliar o regular sus propios procesos y procedimientos, buscando su propia legislación interna con la suficiente flexibilidad para contratar, sin exceso de controles administrativos, muchos de los cuales son un lastre remanente de la contratación administrativa.

En medio de una crisis como la que enfrenta el planeta, en la cual la deshonestidad y la corrupción no son extrañas a las prácticas de

246

contratación especialmente con el Estado, la empresa madura y seria debe caracterizarse por una activa receptividad que busque en un período muy corto. el fortalecimiento y aplicación de procesos completos y satisfactorios de Abastecimiento.

En última instancia, la intención del libro es rescatar conocimientos que se encuentran dispersos y buenas prácticas que han contribuido a establecer un conjunto coherente de acciones que han rendido buenas o incluso excelentes soluciones en un determinado contexto y que se espera que, en entornos similares, rindan similares resultados, dándoles una estructura y organización lógica, adaptadas a la secuencia del proceso de seleccionar proveedores y contratistas.

El macro proceso a analizar, considera las actividades previas a la contratación que desembocan en la selección de un contratista o proveedor y en el perfeccionamiento de un documento contractual llámese contrato, orden de trabajo, orden de servicio, etc.; La responsabilidad en esta fase está en cabeza de quien sea responsable por el proceso de Abastecimiento «compras y contratación».

Al final de cada fase o capítulo se han incluido diagramas de flujo de responsabilidades, formatos, tablas y ejemplos que pueden constituirse en guías en el proceso. Algunos temas se matizan con caricaturas que, en algunas viñetas, de manera creativa mueven a reflexionar sobre el tema.

## Macro proceso de gestión de contratistas

En el mundo empresarial es necesario acudir a contratistas o proveedores de una forma u otra para obtener servicios y suministros de servicios o bienes que satisfagan las expectativas, más allá de los requisitos de los clientes internos. La responsabilidad principal de Abastecimiento, es asegurar que estos actores vitales en el proceso, cumplan con sus obligaciones de manera segura y oportuna a través de los procesos, procedimientos, indicadores y recursos adecuados de gestión de contratos y órdenes de compra en términos de HSE, calidad, costo y plazo.

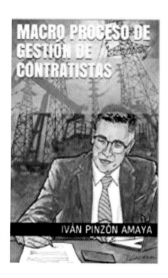

En muchos procesos de gestión de contratos, se pasan por alto oportunidades de mejora en áreas como: descripciones de los servicios y especificaciones técnicas; gestión de riesgos; estructuras de costos; indicadores de desempeño; entre otras impidiendo que el contratista o proveedor cumpla a tiempo, de manera segura y dentro del presupuesto. Se afectan así los planes anuales de compras y contrataciones de la Empresa, poniendo en peligro las metas y objetivos corporativos.

El sector energía, en sus segmentos de exploración y explotación de petróleo, transmisión de energía, transporte de gas al igual que el sector minero, están expuestos a altos niveles de riesgo durante el cumplimiento de las obligaciones contractuales por parte de contratistas y proveedores.

Una amplia gama de contratistas y subcontratistas se requieren en estos sectores para construir infraestructura, ofrecer soluciones de ingeniería y consultoría, suministrar y operar equipos altamente especializados, solventar necesidades misceláneas de transporte,
248

servicio comunitario, logística, protección, trámites gubernamentales, personal especializado, por mencionar unas pocas.

Por esta razón la gestión contractual es crítica y es imprescindible lograr que los gerentes de contratos acompañen y supervisen el desempeño de contratistas y proveedores para identificar tempranamente posibles desviaciones, incumplimientos, retrasos, reclamos, etc. que sea necesario encarar oportunamente con las medidas de mitigación requeridas.

Si bien el centro de gravedad en cuanto a roles y responsabilidades «una vez suscrito el contrato», migra de Abastecimiento al gerente del contrato, el primero sin embargo debe estar al tanto de la gestión de actividades de contratación y compras posteriores a la adjudicación, para brindar su respaldo en caso de necesidad.

Procesos y actividades propios de la gestión de contratos, como supervisar y medir el desempeño de contratistas y proveedores, administrar el manejo del cambio, gestionar el proceso de facturación y pago, controlar pólizas y garantías, tramitar reclamos y negociación, deben integrarse con otros procesos centrales departamentales tales como contabilidad, gestión financiera, gestión de riesgos y seguros, TI y el área jurídica.

Una gestión ineficiente de los contratistas y proveedores puede causar un deficiente control operativo, insatisfacción del cliente interno, altos riesgos y mayores costos no deseados. Un proceso de selección de un proveedor o contratista, puede malograrse por una inadecuada gestión del contrato.

Los anteriores son temas dispersos involucrados en la gestión de contratos que seguramente han sido temas del interés del lector y en algunas ocasiones por desconocimiento, pueden haber generado situaciones de marca mayor que hubieran podido evitarse de contar con las destrezas y competencias requeridas.

Infortunadamente al menos en Colombia, la educación a nivel de pregrado, desconoce el impacto y el valor que una adecuada gestión de contratos puede agregar a las empresas.

El libro con una visión eminentemente práctica, recorre el macro proceso de gestión de contratos describiendo procesos, prácticas, políticas, herramientas y desarrollos, resultantes de una amalgama de conocimientos y experiencias adquiridos y puestos a prueba en el sector energía.

## Abastecimiento en un planeta sostenible: Notas sobre compras verdes y calentamiento global

En mi actividad profesional y académica reciente, he identificado que las «compras verdes» cada vez adquieren más relevancia, sin que se traduzcan en aportes que tengan una expresión concreta en la interrelación entre la Empresa y sus proveedores y contratistas.

En internet se encuentran referencias muy interesantes pero dispersas, desarrolladas por asociaciones de carácter privado, entes municipales, centros internacionales de estudio, tesis de grado, revistas especializadas y manuales entre otros, que buscan profundizar en el tema.

Contrasto este entorno con el que se vivía a mediados de la década de los 90, con el tema de HSE que buscaba optimizar la prevención y control de los factores de riesgo, inherentes a la industria y a las actividades que usualmente se contratan por las empresas operadoras en el sector petrolero y que con el tiempo se ha venido fortaleciendo para constituirse en una herramienta suficiente para identificar, controlar y mitigar este tipo de riesgos.

Estoy convencido que en el caso de compras verdes, se requiere una estrategia similar, orientada a inculcar en las áreas de Abastecimiento de las empresas y en sus proveedores y contratistas, un comportamiento consciente de respeto por el medio ambiente dentro de un marco de acción, influido por el impacto negativo del calentamiento global y por la necesidad de un desarrollo sostenible; entendido como el aseguramiento de las necesidades del presente, sin comprometer las necesidades de futuras generaciones.

En los últimos años como lector y observador asiduo de publicaciones, periódicos, revistas, videos, etc. sobre compras verdes, he venido recortando artículos que he intentado «si hay algún mérito», organizar de manera lógica para aproximarme a las compras verdes con reflexiones aplicables en las tareas cotidianas que enfrentan quienes se mueven en el campo de compras y contratación y deben articular exigencias mínimas que deben satisfacer sus proveedores y contratistas. Es necesario retar a los recién llegados a las áreas de Abastecimiento, a mirar el futuro buscando un pronto cambio en los comportamientos de compras y contratación.

Es una primera aproximación a este tema, que espero sea de utilidad para aquellos interesados en el tema. He colocado especial cuidado en hacer referencia a fuentes y autores que merecen mi reconocimiento por sus aportes y contribuciones al tema de «compras verdes». Espero no haber pasado ninguno por alto.

# Análisis de riesgos y su gestión en abastecimiento

La gestión del riesgo se ha convertido en una disciplina independiente impulsada por la combinación de eventos externos, avances en el desarrollo de modelos y una mayor conciencia de los riesgos interconectados a gran escala.

La disciplina de gestión de riesgos ha evolucionado desde una perspectiva ampliamente intuitiva hacia una basada en un conjunto de elementos objetivos, a saber, el modelado de riesgos, el marco de gobernanza de riesgos y un marco de transparencia y divulgación de los mismos.

Estos elementos son la piedra angular de un enfoque integrado para evaluar y controlar los riesgos. Proporcionan el marco y las herramientas con las que debe operar Abastecimiento para orientar la toma de decisiones. Sin embargo, la práctica debe ser implementada por personas talentosas que puedan mantener un equilibrio y un papel independiente como gestores de riesgos, siendo igualmente socios confiables de sus clientes internos.

# Abastecimiento íntegro y transparente: Enfrentar el riesgo de corrupción

La gestión del riesgo de corrupción, juega un papel principal y un reto principal de la función de Abastecimiento.

La mayoría de las empresas carecen de un enfoque estratégico para la gestión del riesgo de corrupción, en un momento en que dichos riesgos están aumentando.

De hecho, no son numerosas las empresas que han establecido métricas y procedimientos para evaluar y gestionar los riesgos de corrupción. Se carece de suficiente inteligencia de mercado, habilidades y sistemas de información para predecir y mitigar los riesgos de corrupción. En circunstancias normales, una gestión insuficiente de riesgos de corrupción debería ser motivo de preocupación.

En la actualidad en un mercado mundial competitivo e impredecible, las imperfecciones generalizadas de las capacidades de gestión del riesgo de corrupción, son causa de alarma absoluta.

Los estándares de comportamiento ético, son pilares fundamentales para crear valor en los modelos y relaciones de confianza con proveedores y contratistas. En este relacionamiento es indispensable que éstos conozcan y apliquen políticas antifraude y anticorrupción, códigos y canales éticos. Una exigencia inaplazable es garantizar la transparencia en actuaciones recíprocas de Empresa y uno de sus principales grupos de Interés: oferentes, proveedores y contratistas.

# Macro Process of Selection of Contractors

The oil crisis and in general the energy sector, generated a disbanding of professionals that for some years was nourished from experience in the field of contracting "many of them with multinational companies" and who now do not find employment opportunities in other sectors and have decided to explore the field of consulting with barely acceptable results.

The absence of new projects other than infrastructure concessions in their different waves, has made the stabilizing factor in the implementation of good practices in supply that would have been achieved with the continuity of these professionals, be truncated and these disappear because companies they do not have effective methods to preserve knowledge.

On the other hand, the faculties of engineering and architecture have little or relative importance given to this issue, because it is erroneously thought to be the exclusive responsibility of lawyers, without warning that all professionals must know the fundamentals that allow them to contract in a solid manner and be reliable in a highly competitive environment.

Each company according to its needs must adjust, expand, or regulate its own processes and procedures, seeking its own internal legislation with sufficient flexibility to contract, without excessive administrative controls, many of which are a burden of administrative contracting. In the midst of a crisis like the one facing the planet, in which dishonesty and corruption are not strange to hiring practices especially with the state, the mature and serious enterprise must be characterized by an active receptivity that seeks

255

the strengthening and application of complete and satisfactory processes of supply.

Ultimately, the intention of the book is to rescue scattered knowledge and good practices that have contributed to establishing a coherent set of actions that have yielded good or even excellent solutions in a given context and that, in similar environments, are expected to yield similar results, giving them a logical structure and organization, adapted to the sequence of the process of selecting suppliers and contractors.

The macro process to analyze, considers the activities prior to contracting that lead to the selection of a contractor or supplier and in the perfection of a contractual document called contract, work order, service order, etc. The responsibility in this phase is headed by whoever is responsible for the procurement process «purchases and contracting».

At the end of each phase or chapter, flowcharts of responsibilities, formats, tables, and examples that can become guides in the process have been included. Some themes are tinged with cartoons that creatively reflect on the subject.

# Abastecimiento: Caja de herramientas I

Este primer libro al igual que el segundo próximamente en Amazon, pretende plasmar los distintos enfoques, análisis, consideraciones, y soluciones que el autor ante situaciones difíciles en abastecimiento estratégico y logística, ha desarrollado con otros actores, en distintas empresas en el sector energía, en las cuales ha tenido la oportunidad de trabajar a lo largo de su recorrido profesional. Verse enfrentado a situaciones como las anteriores, que exigían dar la respuesta adecuada; constituye una de las peores sensaciones del ser humano por no saber qué va a pasar. El cerebro se ve sometido a un torbellino de emociones, que tienden a descontrolarlo y entonces se paraliza ante lo nuevo, lo inesperado e imprevisto. Curiosamente escuchar los miedos, puede ayudar a encontrar los recursos necesarios para afrontar con éxito, una situación incierta. En estas circunstancias fue necesario aceptar la nueva situación, y buscar desde la serenidad cuál podría ser la mejor respuesta. Era necesario valorar qué tan difícil era la situación, cuya dificultad podría percibirse diferente, dependiendo del momento. En algunos casos fue necesario improvisar porque la solución no admitía demoras; otras veces abrir el espacio a la intuición, fue la mejor consejera, en ausencia de otras opciones. La mayoría de las veces se requirió tiempo, dedicación y esfuerzo para ir amalgamando soluciones de manera paulatina, hasta que probaron ser las más adecuadas para las circunstancias del momento; sin que eso significara que no fuera necesario continuar explorando nuevas opciones disruptivas en políticas, procesos y procedimientos en Abastecimiento. No rendirse nunca ante estos desafíos, indagando sobre mayor información acerca de la situación, fue el común denominador en todas las opciones. En este proceso permanente, la posta pasa ahora a las manos de los lectores que deben persistir en la búsqueda de una cadena de abastecimiento más transparente, costo - efectivo, eficaz y sostenible para beneficio de sus clientes internos y para la Empresa. No Podemos desfallecer en este esfuerzo.

# Bibliografía

En este libro Abastecimiento: caja de herramientas II, así como en el I, con el mismo título en relación con la bibliografía, es necesario hacer las siguientes precisiones:

- Algunas referencias bibliográficas hacen referencia a publicaciones, textos, documentos o presentaciones que tienen un buen tiempo y que en su momento encendieron una idea o una inquietud que fue evolucionando hasta desembocar en el texto aquí plasmado y en consecuencia la antigüedad de la bibliografía, no debería descalificar o demeritar el resultado; por el contrario se hace reconocimiento a ese autor que con sus escritos, generó un proceso de transformación posiblemente con algunos trazos de creatividad, innovación y transformación.
- Otros temas no necesariamente cuentan con una bibliografía específica, porque han sido el resultado de una generación colectiva de éxitos y fracasos, que quedaron plasmados en documentos que no tienen una autoría única y que el autor ha recogido en el tiempo.
- Otros temas se han desarrollado a partir de temas que son del dominio del imaginario colectivo y que, por su universalidad, en opinión del autor, no requieren de referencias específicas.
- Algunos de los desarrollos descritos, corresponden al desarrollo de la consejería en abastecimiento estratégico y logística. Los resultados concretos han sido consecuencia del trabajo mancomunado con el talento humano de las empresas y han quedado registrados en procesos, procedimientos y otros documentos que las empresas deciden manejar con la discreción del caso; desconociendo tal vez que sería un excelente aporte a los grupos de interés, el compartir libremente este tipo de conocimientos, convirtiéndose en una masa crítica para que el fenómeno adquiere una dinámica propia que le permite sostenerse y crecer en la comunidad del abastecimiento.
- Finalmente, algún lector podrá encontrar coincidencias tangenciales, con temas de otros autores, que no necesariamente son del conocimiento del autor.

## Introducción

- https://es.weforum.org/agenda/2015/03/10-herramientas-de-la-administracion-moderna/
- La manía de dejarlo todo para después. Fragmento del libro *Inquebrantables* del Best seller mexicano Daniel Habib del editorial Harper Collins, México. Publicado en el diario El Tiempo en la página 1.17, del martes 17 de diciembre de 2019, cortesía de Ediciones Urano.

## Acuerdos de nivel de servicio

- Establishing Service Level Agreement. Karten Associates. https://www.nkarten.com/sla.html
  - ➢ SLAs: clarifying the concept.
  - ➢ How not to establish an SLA.
  - ➢ Key steps in establishing a Service Level Agreement.
  - ➢ How long does it take to establish an SLA?
  - ➢ The critical role of SLA manager.
- Planeación y desarrollo consultoría organizacional. Helena Jiménez Pedrero
- Como fidelizar a sus clientes. Fuerza de ventas. Planeación y desarrollo, consultoría organizacional. Helena Jiménez Pedrero.

## Compras o contrataciones ágiles

- Procedimiento para contratación ágil en Ecopetrol S.A. Versión 2. Gestión de abastecimiento. Dirección estratégica de abastecimiento. Ecopetrol. 2016.
- Modelo de administración de compras menores para Alstom Chile S.A. Tesis para optar al grado de magíster en gestión y dirección de empresas. Claudio Esteban Valenzuela Cáceres. Profesor guía: Luis Zaviezo Schwartzman. Miembros de la comisión: Antonio Agustín Holgado San Martín, Julien Zabala. Universidad de Chile. Facultad de ciencias físicas y matemáticas. Departamento de ingeniería industrial. Santiago de Chile. 2016.

- Pagos rápidos. Vía procurement cards. Equion. Febrero 2011.
- Procedimiento: manejo de «paykey». BP Exploration Company (Colombia) Limited.
- Account payable overview. F17. BP Exploration Company (Colombia) Limited.

**Metodología de visitas a potenciales oferentes**

- Anexo No 02 metodología para efectuar visitas a potenciales proponentes, desarrollado por Iván Pinzón Amaya.
- Acciones de inteligencia corporativa. Ignacio Arizmendi. Revista Cromos

**HSE como elemento estructural en la contratación de servicios con alto riesgo en su ejecución**

- Énfasis corporativo en un modelo integrado de gestión en HSE con contratistas y proveedores. Grupo de Energía de Bogotá.
- HSE management - guidelines for working together in a contract environment. The International Association of Oil & Gas Producers «OGP».
- Procedimiento para la gestión de HSE en el proceso de contratación de bienes y servicios con terceros. BP Exploration Company (Colombia) Limited.

**«Benchmarking» o referenciación comparativa**

- Functional benchmark. Process group definitions – Procurement. Hackett Group.
- Procedimiento «benchmarking». BP Exploration Company (Colombia) Limited.
- Gerencia en logística y creación de cadenas de valor. práctica experiencia corporativa internacional. María Fernanda Rey.

**Buenas prácticas**

- http://scs.com.pe/10-buenas-practicas-que-deberia-estar-haciendo-ahora-en-su-cadena-de-abastecimiento-2/
- Gestión del Abastecimiento estratégico: Compras y proveedores Módulo III. Semana sexta. Tópico: lectura. Subtema: Optimización del proceso de Abastecimiento. Gestión documental eficiente. Instituto Europeo de Posgrado. Enero, febrero 2017.
- Buenas prácticas para vincular la oferta local a la cadena de abastecimiento. Gestión de abastecimiento. Dirección estratégica de abastecimiento. Ecopetrol.
- Iniciativas globales de buenas prácticas de sostenibilidad en el marco del grupo de interés «Proveedores y Contratistas» 2013. Dirección de Relaciones Externas. Dirección de Compras. Grupo Energía de Bogotá.

## Excedentes y vitrina de materiales

- Servicios necesarios para la disposición de los excedentes. Anexo No x descripción de los servicios. BP Exploration Company (Colombia) Limited.
- Propuestas estratégicas de contratación y compras, para la gestión de baja de activos y materiales en desuso de TGI S.A. E.S.P. mayo 2010.
- Best practices in managing returns and excess inventory. Liquidation.com Washington, DC. www.liquidation.com.https://docplayer.net/13103766-Best-practices-in-managing-returns-and-excess-inventory.html
- Disposición de excedentes. Visión. Iván Pinzón Amaya. 2006.

## Gestión del cambio

- El líder del cambio
  John P. Kotter
  McGraw - Hill Interamericana de Editores.
- La nueva dirección de proyectos. Herramientas para una era de cambios. J. Davidson Frame. Ediciones Granica S.A.

## Tertulias, reuniones sectoriales foros electrónicos y ferias de formación

- Training fair: a useful learning tool, by Peter Curran. BP.
- http://aprendeenlinea.udea.edu.co/boa/contenidos.php/bbf2c0 c8c602d33f028c3b41af14be83/89/estilo/aHR0cDovL2FwcmVu ZGVlbmxpbmVhLnVkZWEuZWR1LmNvL2VzdGlsb3MvYXp1b F9jb3Jwb3JhdGl2by5jc3M=/1/contenido/
- lopesan@usuarios.retecal.es
- http://www.quadernsdigitals.net/datos_web/hemeroteca/r_1/nr _662/a_8878/8878.html

**Historias de éxito**

- IACCM
- Expresa tu ingenio. Asociación Colombiana de Facultades de Ingeniería «ACOFI» y Sociedad Colombiana de Ingenieros «SCI».
- 2017 Helios awards offline. Entry form.
- Historias de éxito. Grupo de Energía de Bogotá.
- CIPS supply management awards. Entry form.
- MLS-SCM programme: success story competition.

**Excelencia funcional**

- Estándares y procesos para ser los mejores. Primer foro latinoamericano: mejores prácticas y calidad en la implementación de procesos, organizado por CEO Global Network. María Cristina Castro Méndez. Gerente Nacional de Procesos y PMO Nissan Latinoamérica y el Caribe. Medellín, noviembre 2015.
- Reorganización de PSCM Colombia en BP Exploration Company (Colombia) Limited.

## Acerca del autor

Soy ingeniero civil colombiano, dedicado por casi 40 años a aprender sobre abastecimiento estratégico y logística en el sector energía: carbón, petróleo, transmisión de energía y transporte de gas. Profesor universitario, consejero y conferencista. Sin ser periodista ni escritor; desde el punto de vista personal, vengo incursionando en plataformas digitales para compartir la pasión que siento por estos temas, expresando mis experiencias, investigaciones, ideas, desarrollos, sugerencias y reflexiones al respecto.

Made in the USA
Middletown, DE
23 December 2021

56964276R00159